KB232407

행복하고 건강한 가정 만들기

- 가정에서의 영성 교육 -

 말씀과만남의 정신

도서출판 말씀과 만남은 그리스도인들과 세상 모든 사람들이
하나님의 말씀과 만나 그 생각이 새로워지고 그 삶이 풍성해지도록 돕고 있습니다.

The Malsseum & Mannam Publishing House is helping Christians and men in the world to
meet with God's Word so that they may have their spirits renewed and an the abundant life.

행복하고 건강한 가정 만들기

설 은 주 지음

1판 1쇄 / 2003. 7. 15
발행처 / 말씀과만남
발행인 / 최 헌 근
꾸민이 / 정 희 숙, 이 신 애, 박 찬 숙, 명 희 선
등록번호 / 제20-444호
등록일자 / 1991. 6. 19

138-220 서울특별시 송파구 잠실동 339-3
Tel : (02) 3273-8369, Fax : (02) 3273-8367
전자우편 : mmpress@hanmail.net

ISBN 89-7508-079-X
      89-7508-006-4 (세트)

정가 : 8,000원

잘못된 책은 바꾸어 드립니다.

행복하고 건강한 가정 만들기

- 가정에서의 영성 교육 -

설 은 주 지음

말씀과만남

서문

　가정은 한 개인의 인격 형성과 신앙 형성에 있어서 가장 중요한 교육의 장이다.

　그리스도인 가정은 하나님께서 인간에게 주신 가장 기본적인 인격 공동체이며, 사랑과 교육의 공동체이다. 교육은 가정에서부터 시작된다.

　자녀의 인성 교육, 신앙 교육, 도덕과 가치관 교육, 모든 전인 교육은 가정에서부터 이루어진다. 자녀들은 부모의 신앙과 말과 행동, 삶의 태도에 의해 많은 영향을 받는다. 부모의 생활 태도, 부모의 신앙, 자녀 양육 태도, 부모의 자질과 품성, 일상적인 대화와 가정의 분위기는 자녀들에게 지대한 교육적 영향을 미친다.

　특히 양심, 영성, 도덕 의식, 가치관, 종교적 태도같은 인간의 심층적인 특성은 그 바탕이 부모에 의해 형성되고, 발달된다. 그러기에 부모들은 깊은 기독교적 신앙과 가치관, 그리고 인생관을 가지고 자녀들을 올바르게 교육해야 한다.

　부모들이 자녀들을 그리스도를 닮은 인격체로서 변화시키기 위해서는 부모가 먼저 모범적인 신앙, 신뢰성, 사랑, 정직성, 일에 대한 기쁨, 행복한 인생관, 하나님께 대한 헌신, 봉사와 섬김의 태도를 보여 주어야 한다.

　그렇지 않으면 자녀들의 인격과 신앙은 성숙해질 수 없다. 부모들은 자녀들의 인격과 신앙을 훈련하고 양육하는 일에 심혈을 기울여야 한다. 부모들은 자녀들에게 그리스도인의 삶을 가르쳐 주고 하나님의 뜻과 목적에 부합하도록 살게 하기 위해서 신앙적으로 훈련시켜야 한다.

그리스도인 가정처럼 자녀들을 신앙 교육 시키기에 좋은 곳은 없다. 가정은 영성 훈련하기에 최고로 적합한 장이다. 그러나 오늘의 가정들은 영성 교육의 현장으로서의 가치와 사명들을 잃어버렸다. 그래서 많은 가정들이 파괴되어 가고 있으며 여러 가지 문제로 몸살을 앓고 있다.

가족간의 진정한 만남과 교제가 상실되고 가정의 가치와 본질들이 실종되었으며, 서로 상처와 아픔만 안겨주고 있다. 현대는 가정에 대한 새로운 각성과 가정 양육의 필요성이 절실하게 요구되는 때이다.

가정의 의미가 상실되어가는 현실 속에서 교회는 기독교 가정을 양육하고 영적으로 성장하도록 도와 주는 사역에 큰 관심을 기울여야 한다. 왜냐하면 '참된 그리스도인 가정 공동체의 회복' 이야말로 이 시대의 희망이요 건강한 토대가 될 수 있기 때문이다. 본인은 가정의 본질과 사명을 찾아주기 위한 한 노력으로 가정 영성 교육에 관한 연구를 계속해왔다. 이번에 가정의 영적 성장을 위한 작은 책을 소개한다.

이 책에서는 가정의 영적 성장을 위한 구체적인 영성 교육의 방안들을 소개하였다. 그리고 가정 식구들이 함께 배울 수 있는 영성 훈련의 내용들을 구체적으로 다루었다.

부디 이 책을 통해 가정의 본질들이 회복되고 영적으로 성장하며 가족 관계가 화목하며, 하나님이 원하시는 거룩한 가정으로 변화되길 바란다. 끝으로 본인에게 진실한 그리스도인 가정의 가치와 모델을 보여주신 부모님, 그리고 평화와기쁨의집 가족들, 사랑하는 동생, 설봉수 집사내외, 설영주 집사 내외, 설충수 목사 내외와 이 책을 출간해 주신 최헌근 집사님께 깊은 감사를 드리며 이 책을 주 예수님께 드린다.

평화와기쁨의집에서

설 은 주

차 례

1장 영성 교육의 현장으로서의 가정

1. 기독교 가정의 본질과 가치

가정은 신앙과 정신을 계승하고 보존, 발전시켜 나가는 진리의 계승지이다.

또한 가정은 하나님께서 마련해 주신 거룩한 학교요 작은 교회이다. 그러기에 가정이 병들고 파괴되어 제 기능을 하지 못하면 자녀들은 하나님을 체험할 수 있는 직접적인 통로를 상실할 뿐 아니라 인격과 생활의 기본적인 능력을 도야할 수 있는 기회를 상실하게 된다. 가정은 자녀들의 중요한 신앙 교육의 센터이다. 부모들의 중요한 과제는 자녀들을 온전한 인격으로, 그리고 신앙적으로 성장하도록 가르치는 것이다. 부모들은 자녀의 신앙을 양육해 주어야 하며 하나님의 뜻을 구체적으로 자녀들에게 가르쳐야 한다. 주의 말씀과 교양으로 자녀들을 훈육해야 한다.

기독교 가정이 지니고 있는 가치와 본질은 다음과 같다.

① 기독교 가정은 예수 그리스도께 대한 헌신과 사랑으로 이루어져야 한다. 그리스도인은 예수 그리스도 안에서 하나님을 경험하고, 그 사랑안에서 신앙으로 순종하여 예수 그리스도께 헌신하는 사람이다.

② 기독교 가정은 하나님의 자녀로서 부부관계, 어버이 됨, 가족관계가 충실하여야 한다. 기독교 가정은 자연법이 아닌 하나님의 언약 아래 충실하여야 한다. 하나님의 언약으로서 결혼과 가정은 개인적인 만족이나 사회의 외부 압력이 아닌 기독교적 사랑과 신실에 기초한 거룩한 관계이다. 기독교 가정은 자신을 존중하고 타인을 존중하는 것이 특징이다.

③ 기독교 가정은 예수 그리스도 안에서 공동 신앙과 '기독교인' 이라는 같은 이름을 가진다. 기독교 가정은 하나님께서 원하시는 역사적 뿌리를 갖고 있다.

④ 기독교 가정은 가족들의 관계의 질에 의해 드러난다. 기독교 가정의 관계는 성령 안에서의 삶을 추구하여, 하나님의 자녀로서 각 사람을 존중하도록 한다. 기독교 가정은 하나님의 사랑을 위한 통로이다. 이 사랑은 감상적인 것이 아니라 자신을 희생하여 이웃을 돌보는 것이다. 하나님은 사랑의 원천이므로 진정한 사랑은 하나님으로부터 나와야 한다. 기독교적 사랑은 가족 안에 강한 일체감과 정체감을 만들어 준다.

⑤ 기독교 가정은 세상에서 '예수 제자의 직분' 을 수행해야 하는 사명이 있다. 기독교 가정은 사회 제도로서의 한 단위가 아니라 이 사회에 하나님 나라로서의 한 단위이다. 제자의 직분을 수행하기 위하여 기독교 가정은 이 세상의 작은 교회가 되도록 힘써야 한다. 따라서 기독교 가정은 하나님께 책임적으로 응답하는 청지기직 사명을 갖고 있다.

⑥ 기독교 가정은 일반 가정의 문화와는 기독교 전통과 가치에

의하여 계발되고 기독교 정신을 전달해 주는 기독교 문화를 만들어야 한다. 이것을 위해서 기독교 가정은 교회의 의식, 즉 세례와 성찬식 등에 온 가족이 함께 참여하여 자녀들이 기독교에 대한 이해와 신앙 속에 자라게 해야 한다. 온 가족이 축하 · 식사기도 · 기도회나 예배에 다 함께 참여하는 것은 자녀들의 이해와 신앙을 자라게 하고 가정을 하나로 묶는 가치를 갖게 한다.

⑦ 기독교 가정의 분위기는 가정에 스며들어 있는 기독교적 정신에 의해 알 수 있다. 이 정신은 가족의 친밀감, 하나됨, 성령의 임재로써의 신뢰, 믿음, 사랑, 이해, 감사, 기쁨, 서로 도움, 섬김, 하나님을 향한 헌신 등으로 알 수 있다.

⑧ 기독교 가정은 하나님을 믿는 신앙 가운데 확고히 서서 기독교적 소망속에서 사는 가정이다.

2. 기독교 가정의 목적

기독교 가정은 그 자체가 목적이 아니라 하나님의 나라 확장이라는 더 크고 중요한 목적을 가지고 있다. 이것은 그리스도인의 최고 충성이 가정이나 가정 식구에게 있어야 하는 것이 아니라 그리스도께 있어야 함을 의미한다고 볼 수 있다. T.B Maston은 기독교 가정의 목적을 종족 보존, 그리고 이해와 사랑과 교제를 제공하는 장소는 물론이고 하나님 아버지의 뜻을 행하는 것이라고 했다.

여기, 아버지의 뜻이란 하나님의 나라인데, 가정은 하나님의 나라를 세우는 역할과 세계를 변화시키는데 기초가 된다.

따라서 기독교 가정의 목적은 하나님의 명령을 지키는 것이다. 그 명령은 그리스도의 제자를 삼는 일이요 가르쳐 지키게 하는 증인 공동체가 되는 것이다. 증인 공동체는 하나님을 영화롭게 하고 그를 영원토록 즐거워하는 책임과 의무가 있다. 따라서 기독교 가정은 사랑의 교제, 예배, 전도, 교육, 봉사의 가정, 교회로서의 목적이 있다. 하나님은 기독교 가정에 미리 주님의 나라를 세우기 위해 그리스도인들의 가정에 거하신다. 교회와 가정의 공통적 목적을 살펴보면 다음과 같다.

(1) 의미있는 예배 (Meaningful Worship)

기독교 가정의 목적은 하나님과 의미 있는 경험을 하게 하는 것이다. 의미있는 예배는 기독교적 성장을 위한 필연적 책임이며 가정의 가능성이라는 사실에 초점을 맞춘다. 우리는 가정 안에서 여러 방식으로 하나님의 임재를 경험한다. 부모와 자녀들은 가정 예배시간에 하나님의 음성을 듣고 하나님의 임재하심을 느낀다. 예배는 하나님이 그리스도안에서 우리에게 주신 것, 즉 소망, 새 생명(new life) 그리고 친교(fellowship) 등을 기념한다.

(2) 목적있는 관계

사람들이 어떻게 서로 창조적으로 그리고 목적있게 살 것인가를 배우는 배경을 마련하는 것이 두 번째 공유된 목적이다. 가정은 관계성의 첫 학교이다. 가정에서 올바른 인간관계와 책임을 배운다. 부부는 보완적 관계를 창출하기 위해서 어떻게 그들의 차이점을 용납하고 유사성을 북돋울 것인가를 배워야만 한다.

(3) 가정 중심의 전도와 선교

그리스도가 필요한 사람들에게 하나님의 사랑을 널리 증거하는 것이 교회와 가정이 해야할 세 번째 목표이다. 교회는 다양한 전도와 선교를 실시한다. 이것이 교회의 존재 목적이다. 가정도 마찬가지다. 비전있는 가정은 새 가정을 탄생시킨다. 각 가정의 믿음과 경험의 특별한 질이 어떤지 알아보기 위해 다른 가족들을 초청하고, 누구와 그들의 신앙을 나누어야 하는지 선택한다. 가정의 목적은 하나님 나라의 확장인데 교회와 가정은 이 세상에서 함께 일하는 하나님의 동역자이다.

(4) 이웃을 향한 봉사와 섬김

초대 예루살렘 교회는 그 구성원들이 물질적 필요에 대한 활동적 섬김과 나눔을 실증하였다. 가정도 이웃의 필요를 돕는 사역을 감당해야 한다. 타인을 위한 가정의 관심은 가난한 이웃, 외로운 사람, 불쌍한 이, 편부모, 고아, 여러 사람의 위기 상황 등 다양하게 도움을 필요로 하는 사람들을 보살핌으로 표현된다. 이러한 봉사를 통하여 가정과 교회는 진정한 선교 동역자가 된다. 가정은 봉사 공동체이다. 가정생활은 자기 희생과 봉사와 섬김을 요구한다.

기독교 가정은 "이웃을 내몸처럼 사랑하라."고 하신 주님의 계명을 실천해야 한다.

3. 가정 영성 교육의 필요성

가정은 한 개인의 인격 형성이나 신앙 형성에 있어서 가장 중요한 교육의 장이다. 가정은 하나님의 백성을 가르치는 거룩한 학교이며 기독교 신앙과 인격을 형성, 양육하는 교육 공동체이다. 그리스도인 가정은 하나님께서 인간에게 주신 가장 기본적인 인격 공동체이며, 사랑과 교육의 공동체이다.

교육은 가정에서부터 시작된다. 자녀의 인성 교육, 신앙 교육, 도덕과 가치관 교육, 모든 전인 교육은 가정에서부터 이루어진다. 자녀들은 부모의 신앙과 말과 행동, 삶의 태도에 의해 많은 영향을 받는다. 부모의 현재의 생활 태도, 부모의 신앙, 자녀 양육 태도, 부모로서의 자질과 품성, 일상적인 대화와 가정의 분위기는 자녀들에게 지대한 교육적 영향을 미친다.

특히 양심, 도덕 의식, 가치관, 종교적 태도같은 인간의 심층적인 특성은 그 바탕이 부모에 의해 형성되고, 발달된다. 그러기에 부모들은 기독교적 신앙과 가치관, 그리고 인생관을 가지고 자녀들을 바르게 교육해야 한다.

부모들이 자녀들을 그리스도를 닮은 인격체로서 변화시키기 위해서는 부모가 먼저 모범석인 신앙, 신뢰성, 사랑, 정직성, 일에 대한 기쁨, 행복한 인생관, 하나님께 대한 헌신, 봉사와 섬김의 태도를 보여 주어야 한다. 그렇지 않으면 자녀들의 인격과 신앙은 성숙해질 수 없다. 자녀들을 위한 신앙 교육은 하나님께서 부모들에게 위임하신 중대한 임무이다. 부모들은 자녀들을 잘 양육하는 것으로 하나님을 향한, 세계와 교회를 위한, 부모 자신과 자녀들을 위한 최상의 의무를 수행하는 것이다. 그러므로 부모들은 자녀들의 인격과 신앙을 훈련하고 양육하는 일에 심혈을 기울여야 한다. 자녀들에게 그리스도인의 삶을 가르쳐 주고 하나님의 뜻과 목적에 부합하도록 살게 하기 위해서 자녀들을 신앙적으로 훈련시켜야 한

다. 가정처럼 자녀들을 신앙 교육 시키기에 좋은 곳은 없다. 가정
에서의 영성 교육은 자녀들이 어릴 때부터 조기 시행되어야 한다.
그 이유는 하나님의 형상인 자녀들은 어릴 때부터 겸손, 친절, 순
종, 온유함의 조화를 이룰 수 있는 마음의 창이 열려져 있기 때문
이다. 반면에 어린이들은 세상의 죄와 악의 환경속에서 쉽게 오염
이 될 가능성이 있으므로 가정 영성 교육의 조기 실시는 그들의 성
품과 영혼을 보호하는데 필수적으로 필요하다.

가정에서의 영성 교육을 통하여 자녀들은 하나님을 경외하며, 사
랑하는 법을 익힐 뿐 아니라 진정한 그리스도인으로 성장할 수 있
게 된다.

4. 가정 영성 교육의 방법과 내용

자녀들을 신앙으로 훈련시키기 위한 가정 안에서의 신앙 교육의
방법으로는 다음과 같은 방법들이 있다.

① 자녀를 위해 날마다 기도한다. 자녀들의 특별한 필요에 대해
   늘 깨어서 특별한 기도를 드린다. 자녀들에게 부모가 자신을
   위해 기도하고 있다는 사실을 알려준다. 자녀의 삶속에 나타
   난 하나님의 기도 응답을 분명하게 지적해 준다. 직업이나 배
   우자, 자녀 등 자녀의 먼 훗날에 일어날 일들을 위해서도 자주
   기도한다.
② 웃음과 모험, 놀라움과 서로를 향한 관심, 아름다운 음악과

책, 좋은 친구들이 어우러진 안정된 집안 분위기를 유지한다. 행복하고 즐거운 일로 집안이 가득 차게 한다. 가정 분위기를 늘 경건하게 만들고 은혜와 사랑이 스며있는 분위기를 만들어 주어야 한다.

③ 가족 상호간에 영적인 교감이 이루어질 수 있는 기회를 자주 마련하고 자녀들에게 관심과 주위를 기울인다. 자녀들의 삶에 변화를 준다. 성경 말씀을 암송하면 상을 준다.

④ 식구들이 한마음으로 예배드리고 성경 읽는 시간을 정기적으로 가진다. 가정 예배를 통해서 가족들이 하나되고 서로 기도하며 대화할 수 있는 시간을 가진다. 축하해야 할 일이 있으면 다 같이 찬양과 기도로 하나님께 감사한다.

⑤ 훌륭한 기독교 단체의 여름 수련회나 캠프에 자녀들을 보내는 한편 교회가 주최하는 교육 프로그램에 참석시킨다.

⑥ 대강절, 사순절, 부활절, 크리스마스, 감사절 등의 기독교 절기를 잘 살려서 자녀들에게 신앙에 대해 이야기하는 기회로 삼는다. 인류를 향한 하나님의 사랑을 이야기하기에 크리스마스보다 더 좋은 기회가 어디에 있겠는가?

시순절은 예수 그리스도의 죽음과 고난을 가르쳐 주고 정결한 삶을 가르쳐 줄 수 있는 매우 좋은 기회가 아닌가? 부활절은 하나님의 능력에 대해 가르쳐 주기에 가장 좋은 기회가 아닌가? 생일은 한 사람의 독특성과 존엄성을 하나님의 관점에서 존중하도록 역설할 수 있는 사건이다. 기독교 절기를 최대한 살려서 자녀들에게 신성한 가치와 하나님의 현존을 느끼게 해주어야 한다.

⑦ 자녀들이 교회의 예배 순서, 교회에서 진행되는 여러 활동에 잘 어울리고 그 속에서 편안함을 느끼도록 도와 준다.

⑧ 위대한 신앙을 가졌던 사람들의 전기를 보여 주고 메시지가

담긴 복음 성가를 들려준다.

⑨ 벽에 지도를 걸어 놓고 배고픔에 시달리는 지역, 정치적인 압박으로 고통받는 지역, 영적으로 메말라 있는 지역 등에 대하여 기도하며 공부한다.

⑩ 선교사나 사역하는 사람들을 집에 초대한다. 그런 사람들을 하나님께서 어떻게 부르셨는지 자녀들이 질문할 수 있게 한다.

⑪ 가족 게시판에 안면이 있는 선교사의 사진들을 붙여 놓는다. 그 선교사들과 편지를 주고받는다. 온 가족이 선교사들을 위해 기도하고 그들을 도울 방법을 찾는다.

⑫ 아직 예수 그리스도를 알지 못하는 자녀들의 친구를 선택한다. 그리고 같이 지내면서 복음을 전할 기회를 마련할 수 있도록 기도하고 계획을 세운다. 전도할 기회가 왔을 때 부모와 자녀가 무슨 말을 할 것인지 분명히 준비한다.

⑬ 자녀들로 하여금 예수 그리스도의 구원의 지식을 갖게 한다. 자녀들이 위로부터 받은 새 성품을 갖기 전에는 하나님이 원하시는 사람이 될 것을 기대할 수 없다.

⑭ 자녀들로 하여금 그 삶을 온전히 그리스도께 맡기도록 한다. 우리는 자녀가 주님의 뜻에 따라 결정하고 삶의 모든 것을 기도를 통해 그분과 나누며, 모든 체험을 통해 그분을 믿기를 바라야 한다. 우선 "주여, 우리가 무엇을 하기를 원하시나이까?" 하고 묻는 습성을 길러야 한다. 이것은 아주 어릴 때부터 시작되어야 한다.

⑮ 자녀들에게 하나님의 말씀이 그들의 삶 속에 있게 하도록 가르쳐야 한다. 자녀들에게 하나님의 말씀을 신실하게 가르치고 삶의 정황에 관련시켜 그에 따른 본보기를 설정하도록 해야 한다.

⑯ 자녀들에게 마음에서 우러난 순종심을 가르쳐 권위를 존중하

도록 해야 한다.

⑰ 자녀들에게 자기 훈계를 가르쳐야 한다. 행복한 삶은 규제를 받는 삶이다. 먹는 일, 잠자는 일, 시간과 돈의 사용, 물질에 대한 욕망 등의 분야에서 규제를 받는 삶이다.

⑱ 자녀들에게 책임을 가르쳐야 한다. 자기들에게 부여된 일을 즐거운 마음으로 효율적으로 성취하는 책임, 소유물을 적절히 돌볼 책임, 행동의 결과에 대한 책임 등을 가르쳐야 한다.

⑲ 자녀들에게 정직, 근면, 진실성, 공의, 이타심, 친절, 용기, 헤아림, 관용, 정의, 인내, 감사 등과 같은 기본적인 기독교적 품성을 가르쳐야 한다.

⑳ 자녀들에게 책임감을 심어 준다.

 ## 자녀들에게 책임감을 심어 주는 방법

- 자녀들이 가정 안에 세워진 규칙들을 따르게 한다.
- 자녀들이 부모들이 세운 규칙과 기준들 외에 자신들의 규칙과 기준들을 세우도록 격려한다.
- 가족들은 자기가 할 집안일이나 의무들을 완수하며 계속적으로 해나가야 한다.
- 자녀들은 기준과 규칙과 그 뒤에 있는 이유를 의논하는 가족 회의에 참여한다.
- 자녀들은 가족 문제에 대한 민주적인 가족 토론에 참여할 수 있다.
- 자녀들은 교회에서 갖는 프로그램과 온 가족 행사에 참여해서 책임 있는 행동을 하는 어른들의 본보기를 많이 보도록 한다.
- 자녀들이 책임 있게 행동하는 가치를 보여 주는 전기와 이야기 책들을 읽도록 격려한다.
- 자녀에게 개인의 훈련과 다른 사람들과의 협조가 필요함을 보

여 주는 캠프와 운동 경기에 참석하도록 격려한다.
- 자녀들이 애완동물을 기르거나 책임감을 길러 주는 취미를 갖도록 격려한다.
- 자녀들이 충돌을 스스로 해결하도록 해서 싸움을 중재하는 권위 있는 외부의 간섭 없이 서로 타협할 줄 알게 한다.
- 자녀들을 가족 휴가나 식사 초대, 가정에서 여는 파티 등의 특별한 행사에 참여시킴으로써 인간 관계의 지혜와 품위의 중요성을 배우고 사용할 수 있도록 해준다.
- 가정에서 자녀들과 함께 기독교적 삶과 신앙을 나눈다.

J. H. Westerhoff Ⅲ는 가정에서 자녀와 함께 기독교적 삶과 신앙을 나누는 다섯 가지 지침을 소개한다.

① 성경 이야기를 함께 나누기

성경은 다양한 내용이 기록된 책이다. 독특한 기능을 지닌 다양한 종류의 이야기들–변증, 이야기, 비유 등이 있고 예언자의 심판과 삶을 축하하는 노래와 시와 기도와 말씀이 있다. 그러나 이렇게 다양함에도 불구하고 그 중심은 하나님 사랑의 이야기이다. 이것은 그리스도인이 되려면 알아야 하고 소유해야 하고 그대로 살아야 하는 기독교의 이야기이다. 성경은 인생이 무엇인지 깨닫게 하고 우리의 삶을 이끌어 준다. 성경은 계시에 관한 책이며 소명에 관한 책이다. 그러므로 우리는 성경을 배우고 더욱 깊이 이해하며, 자신의 것으로 만들며 그것에 따라 더욱 풍성하게 살아가야 한다. 성경은 우리의 영적 성장을 촉진시켜 준다. 그러므로 부모는 성서 이야기를 평생의 과제로 배워야 하고 자신의 이야기인 것처럼 말하기를 배워야 한다.

② 신앙과 삶에 대한 축하하기

부모는 자녀들과 함께 축하를 나누는 일로 말미암아 하나님에 대한 경험을 상징적으로 알게 되고 축하에 함께 참여함으로 삶의 의미와 신비를 확증하고 축하를 나눌 때 신앙과 삶도 나누는 중심이 되어야 한다. 신앙과 축제는 분리될 수 없다. 축제때에 우리는 다 함께 생의 신비와 의미를 확인한다. 특히 어린이들은 축제를 통해 자발성, 신비감, 경이감을 재발견할 수 있다. 그러므로 부모들은 자녀들에게 참된 축제를 경험할 수 있도록 도와 주어야 한다. 우리가 축제를 나눌 때 우리의 신앙과 생활은 함께 형성되어간다.

③ 함께 기도하기

기도는 하나님과의 교제이며 그리스도인 생활의 중심이다.

기도는 하나님의 현존에 대한 인식과 자각이며 인격적 응답이다. 기도는 하나님 앞에서 자신을 열어 놓고 감사와 찬양과 참회와 간구와 중재를 통한 하나님과의 의식적 관계이다. 그러므로 하나님과의 관계 안에서 함께 삶을 나누는 것은 기도하는 것이며 기도하기를 배우는 것이다. 신앙의 위기는 기도의 위기에서 온다. 우리가 기도할 때 하나님은 자신을 우리에게 나타내 보이신다. 기도를 통해 우리는 하나님께 마음을 열며 하나님의 현존에 대해 깊은 감사를 니다내며 사랑의 응답을 할 수 있다.

④ 함께 듣고 말하기

아이들은 항상 종교적인 질문들을 제기하고 있다. 부모들은 자녀가 질문의 갈등, 고통, 의미에 접할 수 있도록 도울 필요가 있다. 자녀들이 원하는 것은 신앙을 공유하는 것이지 교리적 해답들이 아니다. 부모는 먼저 듣기를 배워야 한다. 말로된 질문이 아니라 말하는 자녀에 대해 배워야 하는 것이다.

⑤ 봉사와 증거의 신실한 행동의 수행

그리스도인의 신앙은 삶의 한 방법을 의미한다. 신앙은 하나님 나라에 대한 비전을 바라보고 하나님의 현존 안에서 친밀히 사귀며 사는 것이고 세계 안에서 하나님과 함께 행동하는 것이다. 예수의 제자들이 예수를 본받음으로 배운 것같이 자녀는 부모를 통해 배운다. 그러므로 신앙을 나누는 것은 삶을 나누는 것이며 본보기가 되는 것이다. 부모는 봉사와 증거의 신실한 행동을 보여 주어야 한다. 그리고 가정에서 자녀에게 가르쳐야 할 신앙 교육 내용은 아래와 같다.

신앙 교육의 내용

- 하나님을 온전히 경외하도록 교육한다(잠 1:7, 9:10, 19:23; 막 12:30).
- 마음을 지키도록 교육한다(잠 4:23, 23:7; 빌 4:8).
- 부모에게 순종하도록 교육한다(출 20:12; 잠 1:8, 4:1-4).
- 친구들을 지혜롭게 선택하도록 교육한다(잠 1:11-18, 13:20; 고전 15:33).
- 욕망을 다스리도록 교육한다(잠 2:16-19, 6:23-33).
- 말을 조심하도록 교육한다(잠 4:24, 10:11, 16:23; 약 3:8).
- 열심히 일하도록 교육한다(잠 6:6-11, 22:29).
- 청지기됨, 돈을 관리하도록 교육한다(잠 3:9-10, 10:4-5, 19:17, 22:16).
- 이웃을 사랑하며 봉사하도록 교육한다(잠 3:27-29; 마 5:43, 22:39; 막 12:31).
- 그리스도를 신뢰하도록 교육한다(고후 5:18-20).
- 성경적인 그리스도인의 삶의 자세를 가르친다(엡 4:25; 빌 4:8; 고전 12:13).
- 성경적인 가정의 모습을 가르친다(엡 6:1-3).
- 하나님의 뜻을 행하도록 가르친다(시 143:10).

5. 가정 영성 교육의 성경적 원리

① 자녀가 태어나기 전에 그 자녀를 위하여 기도하고 출생 후에
   도 그를 위해 계속 기도한다(삼상 1:11, 27-28; 시 71:6).
② 자녀를 향한 당신의 기대를 검토해본다. 그 기대들이 과연 현
   실적인가 성서적인가를 평가해 본다.
③ 조건 없이 자녀를 사랑한다(신 7:7; 요일 4:19).
④ 자녀를 칭찬할 수 있는 기회를 찾는다. 자녀를 인정하고 있다
   는 부모의 마음을 자주 표현한다(빌 1:3; 살전 1:2).
⑤ 자녀들의 좋은 점들을 먼저 인정해 주고 그 다음에 잘못을 잡
   아준다(고전 1:3-13).
⑥ 중대한 문제가 아니면 자녀들이 스스로 결정을 내리도록 자유
   를 준다.
⑦ 부모들의 목표는 자녀가 부모에게 의지하도록 하는 것이 아니
   라 그리스도 안에서 성숙하게 자라도록 돌보는 것이다(잠
   22:6; 골 1:27-28).
⑧ 자녀들을 다른 사람들과 비교하지 않는다(갈 6:4; 고전 12:4-
   11; 고후 10:12-13;).
⑨ 자녀들을 조롱하거나 흉보지 않는다. 자녀들을 얕잡아 보지
   않는다. 그를 "바보, 못난이, 어리석은 놈"이라 부르지 않도록
   주의한다(잠 12:18, 16:24; 마 7:1-2; 엡 4:29-30).
⑩ 다른 사람들 앞에서 절대로 쓸데없이 꾸중하지 않는다(마
   18:15).
⑪ 부모들이 실천하지 못하는 것들을 지키라고 협박하거나 강요
   하지 않는다(마 5:37; 약 5:12).
⑫ 자녀들의 요구에 "안돼!"라고 말하는 것을 두려워하지 말고,
   당신이 안된다고 할 때는 정말 안되는 것을 설명해준다(창
   18:19, 29:15; 삼상 2:13).

⑬ 자녀가 문제를 가지고 있거나 자녀 자신이 문제일 때 흥분하지 말고 자신을 잃지 않는다. 소리를 지르거나 고함치거나 악을 쓰지 않는다(엡 4:26-27; 고전 16:14).

⑭ 모든 것이 다 잘될 것이라는 믿음과 기대를 자녀에게 전해 준다. 자녀에 대하여 포기해 버렸고 자녀를 실패작이라고 생각해 체념한다는 것을 말로나 행동으로 결코 내보이지 않는다(고전 13:7; 고후 9:1-2).

⑮ 신념대로 꾸준하게 행동한다. 자녀들은 부모의 말을 듣는 것보다 부모의 행동을 더 많이 배운다(신 6:4-9; 빌 4:9; 살전 2:10-12).

⑯ 자녀들은 이 세상에서 뿐만 아니라 내세에서 살도록 준비시켜야 할 책임이 있다는 것을 깨닫는다(신 6:4-9; 엡 6:4).

⑰ 자녀들의 욕구, 느낌, 두려움, 의견들에 대해 민감한다(마 18:10; 골 3:21).

⑱ 자녀를 진정으로 소중히 여기고 언제나 있는 모습 그대로 용납한다(마 18:5-6).

⑲ 자녀를 노엽게 하거나 분통이 터지게 하는 말들을 피한다(잠 15:1; 엡 4:31-32).

⑳ 매일 자녀들과 성경을 읽고 강론하며 기도를 쉬지 않는다(신 6:4-9; 딤후 3:15).

㉑ 교회의 예배와 봉사에 가족 전체가 적극적으로 참여한다(히 10:24-25).

㉒ 가정을 손님 접대의 중심지가 되게 하고, 자녀들로 하여금 많은 그리스도인들과 자주 접촉할 수 있는 곳으로 만든다(롬 12:13; 히 13:1-2; 왕하 4:8-37).

㉓ 자녀를 예수 그리스도의 구원에 참여하도록 인도한다. 자녀를 그리스도 앞에 인도하기 위해서 노력한다. 자녀를 그리스도께로 인도하기 위해서는 어떠한 일도 감행한다. 하나님께서 구

원하시며 죄를 깨닫게 하시며 회개와 믿음을 주실 것이다. 그리고 기도와 성화된 행실로써 하나님의 구원을 이룰 수 있는 환경을 만들어 준다(딤후 3:14-17; 신 6:4-9; 마 10:13-14; 롬 10:13-17).

6. 가정 영성 교육의 지침

① 자녀들이 어렸을 때, 주께 인도해야 한다(딤후 3:14-16).
② 계속적인 모본이 된다(고전 11:1).
③ 하나님의 뜻을 최고의 갈망이 되게 한다(롬 12:1-2).
④ 인정하고 칭찬한다(마 25:21).
⑤ 독립적인, 개성있는 인격으로 양육한다.
⑥ 자녀를 이용하지 않는다.
⑦ 자녀들과 함께 시간을 보낸다.
⑧ 다른 아이들과 비교하지 않는다.
⑨ 부모의 도덕 의식을 분명히 제시한다.
⑩ 모든 삶의 환경을 교육의 기회로 삼는다.
⑪ 그들이 가정에서 필요한 존재임을 알리고 자주 구체적으로 자녀를 향한 부모의 사랑을 표현한다.

부모들은 자녀들을 영적 훈련하는 것과 관련하여 다음의 질문을 상기하는 것이 중요하다.
첫 번째, 자녀들을 영적으로 구비시키는 것이 얼마나 중요한가?
두 번째, 내가 부모로서 자녀들의 영적 지도자가 되는 것이 얼마나 중요한가?

세 번째, 하나님은 내가 이 사명을 감당하는데 적합하도록 어떤 면에서 나를 준비시켰는가?

네 번째, 자녀들을 영적으로 더 잘 구비시키기 위해서 내 자신을 어떻게 준비할 수 있겠는가?

🌸 부모에게 주는 신앙의 ABC

A. 자녀들을 언제나(Always) 하나님의 돌보심에 맡기라.

B. 자녀들을 교회에 데려가라(Bring).

C. 자녀들에게 높은 목표로 도전을 주라(Challenge).

D. 자녀들이 이룬 일을 기뻐하라(Delight).

E. 자녀들 앞에게 하나님을 드높이라(Exalt).

F. 악에 대해서는 얼굴을 찌푸리라(Frown).

G. 자녀들에게 사랑을 주라(Give).

H. 자녀들의 고민을 들어 주라(Hear).

I. 자녀들의 어린애다운 두려움을 무시하지(Ignore) 말라.

J. 자녀들의 사과를 즐겁게(Joyfully) 받아들이라.

K. 자녀들에게서 받는 확신을 계속 유지하라(Keep).

L 자녀들 앞에서 본이 되는 삶을 살라(Live).

M. 자녀들을 친구로 삼으라(Make).

N. 자녀들의 끊임없는 질문을 절대(Never) 무시하지 말라.

O. 자녀들의 사랑에 마음 문을 열라(Open).

P. 이름을 들어가면서 자녀들을 위해 기도하라(Pray).

Q. 자녀들의 영성이 자라는데 관심을 돋구라(Quicken).

R. 자녀들의 필요를 기억하라(Remember).

S. 자녀들에게 구원의 도리를 보여 주라(Show).

T. 자녀들에게 일하는 법을 가르치라(Teach).

U. 자녀들은 아직 어리다는 것을 이해하라(Understand).

V. 당신의 말이 사실임을 입증하라(Verify).

W. 자녀들을 나쁜 친구들로부터 떼어 놓으라(Wean).

X. 자녀들이 순종할 것을 기대하라(Expect).

Y. 하나님께서 자녀들을 위해 최선을 다하실 것을 갈망하라
  (Yearn).

Z. 자녀들을 성경의 진리로 열심히(Zealously) 인도하라.

7. 자녀들의 영성적 발달 단계

① 영아기 (출생–15개월)

- 부모가 있을 때 안전감과 안정감을 갖는다.
- 부모가 없을 때도 안전감과 안정감을 갖는다.
- 안아 주거나, 속삭이거나, 쓰다듬어 주는 것에 긍정적으로 반응한다.

② 유아기 (15개월–만 3세)

- 부모가 있을 때 사랑 받고 수용된다고 느낀다.
- 홀로 있을 때에도 사랑 받고 수용된다고 느낀다.
- 안 돼(no)라는 말을 듣고 난 후에도 사랑 받고 수용된다고 느낀다.
- 언어적, 신체적으로 자유롭게 사랑을 줄 수 있다.
- 분리–개별화의 과정을 시작했다.
- 화낼 때보다 평화로울 때가 더 많다.
- 권위자에 대해 수용적인 태도를 가지고 있다.

③ 학령전기 (만 3세-만 6세)

- 하나님의 사랑을 믿는다.
- 하나님이 사랑이심을 믿는다.
- 하나님이 좋은 분이심을 믿는다.
- 하나님이 인격적인 분이심을 믿는다.
- 하나님을 향해 건강한 존경심과 경외감을 갖기 시작한다.
- 하나님의 무조건적인 사랑과 수용을 믿고 신뢰한다.
- 하나님이 용서하는 분이심을 믿고 죄책감을 쉽게 해결한다.
- 자신의 내적인 양심을 형성하고 있다.
- 영적인 개념을 배우는 것에 자연스러운 흥미를 갖는다.
- 기도와 성경 시간에 대해 적어도 최소한의 긍정적인 태도를 갖는다(또는 부정적인 태도를 갖지 않는다).
- 교회에 대해 일반적으로 긍정적인 태도를 갖는다.
- 기본적인 순종을 실행할 수 있다.

④ 아동기 (대략 만 6세-만 12세)

- 영적인 진리를 배우는데 계속적인 흥미를 갖는다.
- 그리스도를 영접했거나 그럴 필요를 제기한다.
- 하나님과의 관계 형성에 있어서 자신이 주도적이 된다.
- 자비롭고 용서하시는 하나님의 능력에 대해 점점 확신을 갖는다.
- 하나님과 그의 권위, 자신의 삶에 대한 하나님의 명령에 대해 긍정적인 태도를 유지한다.
- 어려운 때에도 자신의 믿음에 있어서 안정감을 갖는다.
- 갈라디아서 5장 22-23절에 기록된 것과 같이 일상생활에서 성령의 열매가 나타나기 시작한다. "오직 성령의 열매는 사랑과 희락과 화평과 오래참음과 자비와 양선과 충성과 온유와 절제니…"

⑤ 청소년기 (대략 만 13세-만 21세)

- 그리스도를 영접했거나 그럴 필요를 제기한다.
- 다른 크리스천 청소년과의 교제에 흥미를 갖는다.
- 삶의 의미와 목적을 자신, 쾌락, 물질에 두지 않고 하나님께 둔다.
- 자기 절제력을 가지고 하나님께 순종할 수 있다.
- 자신의 뜻(육)보다 하나님의 뜻(성령)을 좇아 결정한다.
- 성령님과 삼위일체와 같은 어려운 영적 개념을 이해하기 시작한다.
- 자발적으로 죄를 고백할 수 있다.
- 성경의 진리를 따라 행동하기 시작한다.
- 물질주의, 세속주의 같은 문화적 유혹에 대한 흥미보다 그리스도인의 삶에 더 흥미를 갖는다.
- 교회에서 하나님을 예배하려는 동기를 스스로 갖는다.
- 교회 예배 이외의 기도생활이나 경건의 생활을 독립적으로 추구한다.
- 성령의 열매가 날마다 점점 의미 있고 풍성하게 나타난다.
- 지혜와 확신을 주는 성경 구절을 내면화하고, 그것이 유용하고 개인적으로 의미 있는 것으로 느낀다.
- 하나님의 사랑을 실제적이고, 개인적이고, 의미 있는 것으로 쉽게 내면화한다(느낀다).
- 친구의 사랑과 예수님과 같은 무조건적인 사랑 모두를 표현할 수 있다.
- 다른 사람을 기꺼이 용서하는 능력이 나타난다.
- 자신이 구원받은 것을 거의 의심하지 않는다.
- 개인적인 차원에서 하나님과 관계할 수 있다.
- 내가 하나님께 가치 있는 사람인 것을 믿는다.
- 하나님을 가깝고, 언제든지 나아갈 수 있는 분으로 만든다.

– 영적 후원과 내적인 통제력, 인도함에 대한 하나님의 약속을 의
지한다.

한 인간의 생애 발달에 따른 영성의 발달 과업은 다음과 같이 정
리할 수 있다.

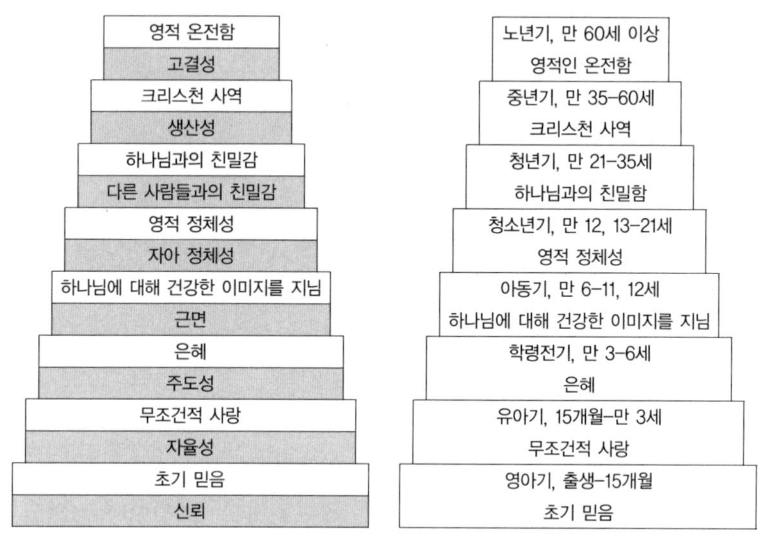

(인간의 생애 발달에 따른 영성의 발달 과업)

2장 가족의 영적 성장을 위한 가정 예배

1. 가정 예배의 본질

가정에서의 예배는 가정 공동체의 생명이요 삶의 내용이다.

신앙 공동체로서의 가정은 행복한 보금자리요 예배히는 특권과 영광이 머무는 곳이다. 이스라엘의 가정을 살펴볼 때 그들의 가정 예배는 곧 생활이었다. 그들의 삶 전체가 예배요 예배가 곧 삶이었 던 것을 볼 수 있다. 그리스도인 부모가 자연스럽게 예배 분위기를 형성하여 자녀들이 신앙 공동체로서 가정의 모습을 자연스럽게 느 끼고 응하고 받아들이도록 한다면 자녀들의 신앙 성장에 큰 도움 이 될 것이다. 그러면 가정 예배는 어떤 본질을 갖고 있는가?

(1) 예배의 의미

① 가정에서의 예배는 신비이다.

가정 예배는 하나님의 자기 계시와 더불어 영적인 '하나님 체험'의 거룩한 공간이 된다.

② 경축이다.

예배는 하나님의 활동에 대한 경축이다. 하나님의 활동이란 그분의 창조, 섭리, 구속의 언약, 예수 그리스도의 성육신, 십자가와 부활을 통한 하나님의 구속적 계시, 성령의 강림을 통한 하나님의 능력이 나타나는 것이다. 물론 예배가 하나님에 대한 경축이지만 이 경축의 의미를 가족 공동체 내에서의 축하 의식으로 발전시킬 수 있다. 아기의 탄생으로부터 유아세례, 생일, 입학, 졸업, 결혼 등 인생의 통과의례 속에서 온 가족은 서로를 축하하는 의식을 가정 예배 속에서 만들어갈 수 있다.

③ 예배는 생활이다.

예배는 일정한 예식에만 국한되지 않는다.

예배는 기독교인에게 있어서 삶 전체를 의미한다. 예배는 생활의 모든 영역에서 하나님의 임재를 실현시키는 것이다.

④ 대화이다.

예배는 하나님과 인간의 만남이며 이 양자사이에서 이루어지는 일종의 대화이다. 계시와 응답의 대화를 통해서 인간은 하나님을 경외하게 된다.

⑤ 드림(헌신)이다.

예배의 목적은 드리는데(헌신) 있다.

예배는 우리 자신의 전체, 즉 지성, 감성, 태도, 소유 등을 하나님께 드리는 것이다. 봉헌의 가장 고상한 표현은 자기 자신을 드리는 것, 자신을 거룩한 산 제사로 드리는 것이다. 가정 공동체의 목적 중의 하나는 '기독교적 삶의 스타일 형성'을 통한 세상을 향한 봉사요 증언자로서의 결단을 촉구하는 것이다. 그리스도인의 가정 공동체는 예배를 통해서 잃어버린 신앙 교육의 영토를 회복해야 한다. 가정 예배는 가정의 영적 활성화와 가정 공동체 회복에 커다란 도움을 준다.

2. 가정 예배의 교육적 가치

가정 예배는 기독교 정신을 창조하는데 있어서 커다란 도움이 된다. 가정 예배는 가족이 함께 모일 수 있는 식사 전후의 시간 또는 어린이들이 잠들기 전인 저녁시간에 온 가족이 한자리에 모여 앉아서 드리는 것이 좋다. 가정 예배는 가족 모두가 예배 인도자가 될 수 있고 예배의 각 순서를 맡을 수 있다는 점에서 교육적인 효과를 얻을 수 있다. 가족이 함께 예배드림으로써 가족들이 그리스도인의 연대성을 형성하며 가정생활에서 하나님의 실재를 체험하며 하나님이 그들의 가정 생활의 중심적 위치를 차지하고 계시다는 의식을 갖게 되며 하나님께 헌신하고 그의 뜻을 따르려는 노력이 용솟음치도록 도와 주므로 가정 예배는 매우 중요하다고 볼 수 있다.

그리스도인의 여러 활동 가운데 가정 예배만큼 중요한 역할을 하는 것은 없다. 교회 출석과 모임, 봉사 활동도 중요하지만 가정 예배를 대행하지는 못한다. 가정 예배는 숨겨진 보물이다. 은혜의 보좌 앞에 오순도순 모여 앉아 하나님의 말씀으로 양육되고 공급받고 힘을 얻고 치유함을 받는 자리가 가정 예배의 자리이다. 성경은 이렇게 명령하고 있다. "오늘날 내가 네게 명하는 이 말씀을 너는 마음에 새기고 네 자녀에게 부지런히 가르치며 집에 앉았을 때에든지 길에 행할 때에든지 누웠을 때에든지 일어날 때에든지 이 말씀을 강론할 것이며"라고 명령하고 있다(신 6:6-7).

온 식구들은 가정 예배를 통해서 하나님을 찬양하고 경외하기를 배우며, 성경 지식을 배우며 기도생활을 계발하게 된다. 그리고 가정 예배를 통해 자녀들은 경건한 그리스도인으로 자라게 되며 기독교적인 성품들을 배우게 된다. 가정 예배는 가족을 연합시키며 영적으로 성숙게 하며 가정 복음화의 첩경이 된다.

가정 예배는 그 가정에 대한 하나님의 임재를 상징한다. 이것은 어른이나 어린이 할 것 없이 모든 가족들에게 주어진 하나님의 은혜이며 하나님을 향한 인간 마음의 응답이다. 가정 예배의 효과에 대해 클라이드 네레모어는 다음과 같이 말한다.

① **예배의 효과** : 하나님께서는 사람이 하나님을 예배하도록 창조하셨기 때문에 사람은 하나님을 예배하지 않고서는 만족할 수가 없다. 가족들은 가정 예배를 통해서 영혼의 만족을 얻으며 인간의 존재 목적을 달성하게 된다.

② **교육의 효과** : 가정 예배를 통해서 부모들과 자녀들은 하나님의 말씀을 가르치고 습득하게 되어 교훈을 얻게 된다.

③ **훈련의 효과** : 가정 예배를 통해서 부모들과 자녀들은 훈련의 기회를 제공받게 된다. 찬송을 통해서 하나님께 더욱 가까이 가며 특히 기도의 훈련은 놀라운 삶의 변화를 가져오게 한다.

④ **가족 결속의 효과** : 가정 예배가 주는 또 다른 효과는 가족간의 결속을 강하게 해준다는 것이다. 가족들 한 사람 한 사람의 어려움을 두고 온 가족이 서로 기도하며 애쓸 때 서로의 풍성한 사랑을 확인할 수 있으며 진정 한 가족이라는 사실을 뜨겁게 체험함으로 가족은 한층 더 강한 공동체가 된다.

(1) 가정 예배의 가치

① **예배** : 가정이 하나님을 경배하는 온상이 되어야 한다. 예배를

통해 가족은 하나님을 찬양하고, 경외하기를 배운다.

② **성경 지식** : 가정 예배를 통해 하나님의 영원한 말씀인 성경을 배운다(시 119:11).

③ **기도생활의 계발** : 가정 예배를 통해 어렸을 때부터 기도하기를 배울 수 있으며, 그것은 결국 그 사람의 일생에 큰 원동력이 된다. 기도는 사람을 변화시키며 환경을 바꾸고 마음을 돌이키게 한다(약 5:16).

④ **자녀 훈련** : 가정 가운데서 모이는 아름다운 신앙의 교제는 인생을 변화시키며, 또 이웃에게 커다란 영향을 미친다.

⑤ **가족 연합** : 가정 예배는 가장 유력하고도 귀한 끈의 역할로 가족 연합을 이룬다.

⑥ **영적 성장** : 가정 예배는 영적 성장과 깊이를 더해 준다.

⑦ **가정 복음화의 첩경**(행 16:31-32, 34) : 가정 예배는 가정 복음화를 이루는데 귀한 도움을 준다.

⑧ **기독교 성품의 교육**(존경, 온유, 인내, 겸손, 감사, 도덕적인 힘) : 가정 예배는 진정한 기독교 성품과 가치관을 심어 준다.

3. 가정 예배의 교육 목표

① 하나님을 알게 한다(레 9:24-25).

② 하나님의 성품을 알게 한다(레 19:1-2).

③ 예배의 습관을 형성하게 한다(요 4:24).

④ 성경을 알고 믿어 구원을 얻게 한다(딤후 3:14).

⑤ 주님의 인격을 닮게 한다(갈 5:22, 23).

⑥ 믿는 자의 본이 되게 한다(딤전 4:16).
⑦ 말씀을 분별하는 주님의 일꾼이 되게 양육한다(딤후 2:15).

4. 가정 예배의 문제점

사회 문화가 발달해 감에 따라 가정 예배를 드리는데 있어서의 여건은 날로 어려워져 가고 있다. 바쁜 사회 구조와 생계를 위한 부부의 맞벌이 등의 여러 여건들은 가정에서 가족 공동체로서 예배드리는 일에 많은 지장을 주고 있다.

(1) 가정 예배 문제점의 내적 요인

가정 예배를 드리는데 있어서 여러 장애 요인들이 있는데 그것은 다음과 같다.
① 사탄의 방해(벧전 5:8)
② 가정 예배를 인도하는 지식의 결핍
③ 가족들의 흥미 상실
④ 형식적인 예배로 인한 권태감
⑤ 5세 이하의 어린이들의 인내심의 결핍
⑥ 사춘기 청소년의 무관심
⑦ 가족 중의 불신자
⑧ 의지력의 결핍
⑨ 시작하지 않기 때문
⑩ 부모들의 게으름

⑪ 시간의 무절제 - 분주함과 혼동된 삶의 우선 순위
⑫ 영적인 태만
⑬ 헌신의 부족

(2) 가정 예배 문제점의 외적 요인

가정 예배 문제점의 외적 요인을 살펴보면 다음과 같다.

① 교회에서 가정 예배의 중요성, 가정 예배 드릴 것을 강조하지
   않고 있다.

② 가정 내의 장애물로써 사회 구조의 변동으로 인한 핵가족화 현
   상이 가정 예배 시작을 어색하게 한다. 뿐만 아니라 T·V 매스
   컴, 오락 도구 등이 가족간의 대화를 단절시키고 있다.

③ 가족들의 사회생활에 차질이 있다. 너무 바쁜 가족들의 스케
   줄에 밀려 가족들이 함께 모일 시간이 없다.

④ 가치관의 상실이다. 과학 문명의 발전은 현대인들의 가치관과
   의식 구조를 변화시켰는데 내세에 관한 소망이나 영적 구원 문
   제 보다 현세와 물질에 대한 관심과 애착심을 불러일으킨다.

⑤ 현대 문명으로 인한 가정의 피괴로 인해 가족 식구가 하나되
   지 못한다.

⑥ 가족 간의 세대차로 인한 정신적 공통 분모가 없다. 그러나 이
   와 같은 가정에서 장애물들은 문제점이 있음에도 불구하고 가
   정 예배는 꼭 실천해야 할 만큼의 가치와 효과가 있다.

5. 가정 예배의 방법

① 하나님을 경외하는 마음(신령과 진정)으로 예배드리십시오.
② 성경을 교과서로 하고 부교재를 함께 사용하십시오(형식적이
　거나 대충 드려서는 안된다).
③ 현대어 번역 성경을 사용하십시오(아이들을 위해서).
④ 짧고 단순한 대화식 기도를 하십시오.
⑤ 다양하게 하십시오.
⑥ 조용하고 엄숙하면서도 따뜻한 분위기를 유지하십시오.
⑦ 간증을 교환하십시오.
⑧ 성구를 암송하고 성경의 적용에 대하여 토론하십시오.
⑨ 찬양하십시오.
⑩ 외부 손님이나 강사를 초청하십시오.
⑪ 일정한 시간과 장소를 결정하십시오.
⑫ 때때로 분위기를 바꾸어 보십시오(촛불예배, 음악예배, 야외예
　배, 드라마예배 등).

 **가정 예배를 다양하게 이끌기 위한 방법**

- 한 사람이 좋아하는 성경 이야기들을 행동으로 표현하면 다른
　사람은 그 성경 이야기에 나오는 인물을 알아맞힙니다.
- 혹은 인형들을 사용해 보십시오.
- 더 재미있게 하기 위해서 제스처로 이야기를 꾸며 보십시오.
- 아이들의 친구들을 초대하여 관람하게 해봅니다.
- 과일 파티로 예배 시간을 끝맺습니다. 혹은 떡볶이 재료들을
　주어 스스로 해서 먹게 합니다.
- 성경을 읽은 후 각자 질문에 응답할 기회가 주어질 것을 미리

말하여 방심하지 않게 함으로 예배 시간을 시작하십시오.

- 혹은 성경을 읽기 전에 1-2가지 질문을 하여 가족들이 그 대답을 찾기 위해 귀를 기울이게 하십시오.
- 혹은 벽보처럼 질문을 써서 그 질문의 답을 찾을 수 있도록 조용히 읽게 하십시오.
- 전문적인 극작가들이 기록한 성경 이야기를 연극으로 꾸며 보십시오.
- 선교사 가정을 선택하여 그 선교사로부터 온 기도 편지를 읽고 답장을 쓰며, 선교사님을 위해 기도도 하고 그 선교사님이 필요로 하는 것들을 생각하여 가족들이 채워 드릴 방법들을 논의해 보십시오.
- 예배 시간이 너무 길거나 너무 복잡하면 어린아이들은 다른 활동들, 예를 들면 성경 퍼즐 혹은 색칠하기 등을 할 수 있도록 해주십시오. 좋아하는 기독교 방송 어린이 프로그램을 따로 예배시간과 일치하도록 예배 시간을 변경하십시오. 혹은 나중에 사용할 수 있도록 특별히 좋은 프로그램은 녹음하십시오.
- 성경 테이프 시리즈를 이용하십시오.
- 어린이 경건서적을 활용하십시오. 때로 자녀들 각자에게 함께 나눌 수 있는 섯을 가져오도록 청하십시오.
- 좋아하는 성구, 하나님에 관한 시, 녹음, 노래 혹은 의논한 의견들, 색다른 제시는 격려하십시오.
- 개인적으로 쓸 수 있는 경건일지를 가족 수대로 구입하십시오.
- 각자 영적 모험에 대한 일지를 간수하십시오.
- 삶에서 하나님이 허락하신 경험을 통해 하나님이 가르친 것을 기록하십시오. 가끔 특별한 내용을 나누십시오.
- 비옷으로 무장을 하고 우산을 꼭 잡고 하나님의 빗속으로 산책해보십시오. 시간을 내어 주변을 둘러보시고 얼굴에 떨어지는 작은 빗방울을 느껴보십시오. 잠깐 멈추고 이 비가 어디서 왔

는지 생각해 보십시오.

- 바람 소리에 귀를 기울이시고 나뭇잎이 흔들리는 것을 바라보십시오.
- 진흙 바닥에 발가락을 넣어 모양을 만들어 보고 하나님에 관해 말해 보십시오.
- 하나님께서 어떻게 비를 만드셨는지 경탄하십시오.
- 민들레의 솜털을 불어보고 그 아름다움을 표현해 보십시오.
- 당신의 주변에 있는 모든 자연의 아름다움을 하나님께 돌리십시오.
- 집으로 돌아와 차를 마시며 욥기 37장을 나누십시오.
- 최근의 종교적인 행사들, 기독교적인 내용의 음악회, 영화, 연극공연이 있을 것입니다. 적당한 날을 택하여 정장을 하고 밖에서 그 공연 전후에 저녁식사를 해보십시오.
- 재미있고 진실한 믿음의 이야기를 해주거나 읽어 주십시오.
- 선교사의 기도 편지들과 정기적으로 간행되는 신앙지들이 좋은 자료가 됩니다.
- 복음송도 부르십시오. 악기나 성악으로 교향악에서 민요조로 된 것까지 그 가족의 음악적 취향에 맞게 선택할 수 있습니다.
- 좋아하는 찬송가 가사를 소리내어 읽으십시오.
- 작자가 무엇을 말하려고 하였는지 논의해 보십시오. 가능하다면 작자에 대해 알아보십시오. 위대한 믿음의 찬송가는 주님에 대한 사랑으로 다른 세대와 우리를 이어주는 연결고리가 됩니다.
- 가끔은 예배시간을 찬양만으로 이어가십시오. 돌아가면서 인도하십시오. 합창으로 휘파람을 불어 보고 손뼉도 치고 화음을 넣어 노래하고 하모니카, 피아노, 기타 혹은 다른 악기를 사용해 보십시오. 어린이로 하여금 주일학교에서 배운 새 노래를 가르치게 해보십시오. 어린이 성가 합창을 녹음하였다가 뒤에

서 틀어주십시오. 혹은 차분하게 분위기를 조성하도록 음악을
틀어 놓으십시오. 가족들이 모여 예배를 드리는 동안 배경음악
으로 부드러운 음악을 틀어 놓으십시오.

• 유명한 성화들을 보여 주십시오. 그 예술가가 마음 속에 담았
던 것이 무엇인지 토론하도록 하십시오. 각자가 예술가였다면
어떻게, 왜 다르게 표현할 것인지 질문하십시오.

• 성경읽는 훈련을 하십시오. 가족 중 한 사람이 영감을 주는 신
앙서적을 읽으면 그 책을 읽을 시간을 주십시오. 다른 사람도
그 책을 읽기 원할 것입니다.

• 가정 예배를 가정의 감사 축제로 만드십시오.
졸업, 생일, 결혼, 새 아기의 탄생, 친척 방문, 휴가 등을 축하
하십시오. 가정의 대소사와 해당 성경 구절과 연관시키십시오.
일어난 일들마다 특별한 방법으로 역사하시는 하나님께 감사
하십시오.

• 휴가로 본국에 와 계신 선교사님 가정을 초대하여 그들 사역에
대해 들어 보십시오.

• 목사님과 전도사님을 초대하여 예배를 드리십시오.

• 성경퀴즈를 만들거나 퀴즈 책에서 발췌하십시오.

• 개인적으로 혹은 여럿이서 시를 쓰십시오.

• 주기도문, 십계명, 산상수훈 혹은 시편 23편을 공부하십시오.

• 가족에 대해 당신이 좋아하는 것을 말하십시오.

• 하나님은 어떤 분이시며 그리고 우리는 그분에 대해 얼마나 알
고 있는지 논의해 봅시다. 시편 139편, 욥기 37-39장을 읽으
십시오.

6. 가정 예배를 의미있고 풍성하게

① 가정 예배 자료 구입시 자녀들과 같이 구한다.

② 가정 예배는 가족의 그날 경험과 연결되어야 한다.

③ 가능하면 어린이가 인도자가 되는 것도 매우 의미 있는 경험이 될 것이다.

④ 부모의 기도 내용은 그 자녀들이 추구해야 할 것을 결정하게 되고, 삶에 대한 부모의 훌륭한 태도는 그 자녀에게 영향을 미치게 된다. 예배를 통해 삶은 성스러운 것임을 자녀에게 설명한다.

⑤ 예배를 드리는 방은 경건한 분위기로 꾸미도록 해야 한다. 예배 센터를 만들고 초를 켜두는 것도 좋은 분위기가 된다.

⑥ 가정 예배는 다양한 변화를 갖도록 한다. 다양한 기도 형태, 선교사나 신앙 선배와의 대화 시간, 연극, 예배 등으로 변화를 갖게 해야 한다.

⑦ 온 식구가 같이 모일 시간이 없는 것이 큰 문제이다. 혹시 가정 예배에 동참하지 못한 가족이 있으면, 관대하게 대하고 가정 예배시에 읽을 성경을 읽도록 하여 따라오게 한다.

⑧ 가족 중에 누군가가 여행이나 변동으로 가족을 떠났을 경우에는 같은 시간, 같은 자료로 예배드림으로써 가족이 하나임을 발견케 한다.

⑨ 온 식구가 야외에서 예배드리는 것은 잊을 수 없는 경험이 된다. 하나님은 어디에서나 함께 하심을 알게 되고 아름답고 경외스러운 이 세상을 창조하셨다는 것을 알게 한다.

⑩ 특별한 날들을 위한 예배, 가정에서 생일이나 대강절, 크리스마스, 사순절, 부활절, 어린이 주일, 어버이 주일 등 특별한 날에 교회가 자료를 준비하고 온 가정이 함께 예배드릴 수 있다.

⑪ 가정 예배에 다른 가정을 초청하여 함께 예배를 드리는 것은

의미있고 가정 예배를 이해시키는 데 도움이 된다.

7. 가정 예배의 모델

(1) 기상과 함께 드리는 예배

일반적으로 대부분의 교회는 새벽기도가 있고 부모들 중 일부는 새벽기도회에 참석한다. 그러나 어린이들에게 있어서 새벽기도회는 사실상 무리가 되므로 기상과 동시에 가정 예배로 하루를 시작하는 것은 큰 의미가 있다. 여기서 주의할 점은 기상 시간이 모두 일정해야 한다는 어려움이 있지만 취침 시간을 조절하면 극복될 수 있다.

- 때 : 기상과 함께 시작
- 소요 시간 : 20분 정도
- 주관 : 하루를 하나님께 맡기면서 가족들에게 한 날에 대한 소망과 용기를 줄 필요가 있기에 부모가 주관하는 것이 좋다. 그러면서도 아이들의 참여를 권장해야 한다.
- 방법 : **찬송** / 하루를 부탁하는 찬송, 하나님의 인도와 보호의 의미가 있는 찬송(찬송가 419장-463장) 중에서 한 곳을 택하여 한 곡을 부른다.

  말씀 / 시편 중에서 하나님의 인도와 섭리에 대한 말씀(시편 23편, 123편 등)을 준비하여 읽는다. 부모는 말씀을 준비하고, 읽는 것은 아이들이 하면 좋다. 아이들이 성경 본문을 찾을 수 있게 되면 아이들이 본문을 직접

읽도록 한다.

기도 / 기도는 부모가 대표로 해도 좋으나 온 가족이 간단하게 돌아가면서 기도하는 것도 좋다. 이 시간은 서로가 서로의 가족 식구들을 위해 부탁하는 기도를 드린다. 서로를 위한 기도를 통하여 서로에게 관심과 사랑을 느끼게 된다. 마지막으로 부모가 정리 기도를 한 후 끝을 맺는다.

친교의 인사 / 부모 : 오늘 하루도 이웃을 사랑하면서 살기를 바란다. 자녀 : 아빠 엄마도 하나님과 이웃을 사랑하면서 사시기를 바라요.

- 의의 : 기상과 취침시간이 각기 달라서 한 주간 내내 아빠 얼굴을 보기조차 힘든 현대 가정에서 하루를 예배로 열어 서로에게 힘이 되는 기도와 인사로 시작한다는 점에서 큰 의의가 있다.

(2) 아침 식탁 앞에서 드리는 예배

기상 시간이 서로 맞지 않는 경우에는 아침식사 시간을 이용하도록 한다. 이 예배는 아주 짧은 시간 안에 드려질 수 있어야 한다. 왜냐하면 준비된 식사가 다 식어 버리기 때문이다.

- 때 : 아침 식사시간
- 소요 시간 : 10분 정도
- 주관 : 어린이가 주관하면 좋다. 바쁜 아침, 피곤한 아침에 가족들을 위해 식사를 준비하는 부모에 대한 감사의 마음이 형성될 수 있기 때문이다.
- 방법 : **찬송** / '날마다 우리에게' 라는 어린이 찬송이나 하루의 삶을 부탁드리는 찬송을 택하여 부른다.

  말씀 / 시편 100편, 감사에 대한 내용을 성경에서 찾아 읽는다. 혼자서가 아니라 다 함께 읽는 것이 좋다. 혹은 하나님의 인도와 보호하심에 대한 말씀을 읽어도 된다.

기도 / 부모가 중심이 되기 보다는 어린이가 하는 것이 효과적이다. 하나님께 감사, 부모에 대한 감사, 농부와 이웃에 대한 감사가 그 내용이 되기 때문이다.

친교 인사 / 어린이 : 아침을 준비해 주셔서 감사합니다. 부모 : 건강하고 진실되게 살자. 하나님께 영광돌리는 하루가 되길….

■ 의의 : 비록 짧은 시간이기는 하나 가족이 함께 모여 드리는 10분의 예배는 하나님 편에서나 인간 편에서나 무척 귀중한 시간이다. 특히 하나님과 부모와 이웃에 대한 감사의 교육이 이루어질 수 있는 좋은 시간이 된다.

(3) 정오에 드리는 예배

이 예배는 가족원들이 함께 모여 드리는 예배가 아니라 혼자서 드리는 예배이다. 이 예배가 성립되기 전에 가족 식구들은 미리 약속을 해야 한다. 비록 각자가 삶의 현장으로 흩어지지만 정오 12시가 되면 자신이 있는 위치에서 가족 식구들을 생각하며 기도하는 시간이다. 대개 정오는 점심시간에 해당되므로 자유로운 시간이 되기에 정오 예배는 어렵지 않게 드릴 수 있을 것이다.

■ 때 : 정오(12시)
■ 소요 시간 : 10-20분, 각자의 여건에 따라 시간을 조절할 수 있다.
■ 주관 : 가족 구성원 각자가 주관한다.
■ 방법 : **말씀** / 성경의 한 부분을 짧게 택하여 읽는다. 혹은 성경 암송카드 한 구절을 택하여 읽고 묵상한다.

기도 / 비록 몸은 떨어져 있지만 서로의 얼굴과 이름을 떠올리면서 그들의 필요한 삶을 위해 기도하는 시간이다.

- **의의** : 한국인들은 사랑한다는 표현을 잘 못한다. 이 시간 독백으로 사랑을 고백하면 좋을 것이다. 이렇게 될 때 성령의 사랑의 줄로 온 식구가 매여 있음을 체험할 수 있는 좋은 기회가 된다.

(4) 저녁식사와 더불어 드리는 예배

이 예배는 다른 예배들에 비해 시간이 넉넉하게 소요된다. 마음의 여유도 충분히 있기에 잘 활용하면 놀라운 교육적 효과를 가져올 수 있다. 다만 저녁식사 시간을 서로 맞추는 것이 필요하다.

- **때** : 저녁식사 시간
- **소요 시간** : 30-50분, 때로는 그 이상의 시간이 소요될 수도 있다.
- **주관** : 부모가 하되 가족 구성원 모두가 참여할 수 있어야 한다.
- **방법** : **찬송** / 찬송은 찬양과 경배의 찬송, 감사의 찬송, 은혜와 축복의 찬송 등 활기참과 기쁨을 표현할 수 있는 것이 좋다. 되도록 찬송을 많이 부른다. 부흥회 전의 준비 찬송처럼 신나고 활력있는 찬송도 준비한다. 또 악기를 활용할 수 있다. 피아노, 기타, 바이올린, 멜로디언 등 악기를 연주하며 부를 수도 있다.

  말씀 / 시편 150편과 같은 감사와 찬양의 구절을 찾아 읽는다. 식구들이 돌아가면서 읽도록 한다. 또는 자신이 좋아하고, 읽고 싶은 구절을 각기 찾아서 발표하는 형식으로 읽어도 좋다.

공동식사 / 준비된 저녁식사를 함께 나누면서 각자가 어떤 삶을 살았는지를 발표하고, 토의할 문제를 찾아 함께 토론한다. 여기서 한 문제를 집중 토론하게 될 때에는 그것에 대한 의견을 자유롭게 발표하도록 하되 부모는 성경의 답을 준비해 두어야 한다.

기도 / 가족 전체가 기도 제목을 제시하고 함께 기도하는 시간을 갖는다. 식사 도중에 제기된 문제들을 가지고 기도하는 것도 좋다.

■ 의의 : 예배시간이 다른 예배 시간보다 여유가 있기 때문에 가정 중보기도 및 성경 토론, 가정의 영적 친교 및 자녀들의 신앙을 교육하는데 좋은 기회가 될 수 있다.

(5) 취침 전 예배

이 예배는 잠자리를 펴고 자리에 들기 전에 갖는다. 문제는 아이들과 부모들의 취침시간이 각기 틀리다는 것이다. 그러나 아이들의 취침시간을 맞추면 된다.

■ 때 : 취침시간 바루 전
■ 소요 시간 : 15분
■ 주관 : 어린이, 부모 누구나 할 수 있으므로 돌아가면서 순번을 정하는 것이 좋다.
■ 방법 : **찬송** / 하나님의 은혜와 사랑에 대한 찬송을 택하여 한 곡을 부른다.
말씀 / 하루 한 장씩 정기적으로 읽어 나간다. 말씀은 교독 혹은 돌아가면서 읽도록 한다. 성경을 읽는 훈련이 필요하다.
기도 / 가족원 전체가 연속기도를 한다. 어린이부터 시작하여 부모가 마무리 기도를 한다. 어린이의 교육을 위해 어머니가 시작하고 어린이가 이어서 하고 아버지가 끝을 맺는다. 또는 역순으로 해도 된다.

친교의 시간 / 부모 : 이 밤도 하나님께서 너희에게 평안을 주시길 바라. 어린이 : 아빠, 엄마에게도 평안이 있기를 바라요.

■ 의의 : 이 예배는 양육과 훈련을 목적으로 한다. 예배시간에 사회를 보는 것으로 리더십을 갖게 하며 성경을 읽는 습관과 훈련, 기도하는 훈련을 집중적으로 시킬 수 있다.

(6) 가정 대화식 예배

 **가정에서의 대화식 기도의 4단계**

제1단계 : 예수님은 여기 계시다(마 18:19-20).

창조적인 상상력과 묵상카드를 사용한다.

다음의 글을 깊이 묵상해 본다. 마치 예수님께서 당신의 입술을 빌려 가족들에게 말씀하시는 것처럼 묵상의 의미를 살려가며 천천히 읽는다. 읽고 난 뒤 "예수님, 감사합니다."라고 말하도록 한다.

 **묵상 자료**

나의 자녀여, 나는 너를 사랑하노라.

나는 무조건 너를 사랑한다.

나는 네가 선하든지 악하든지 아낌없이 너를 사랑한다.

나는 네가 무엇을 해주어야 할지 알고 있다.

나의 자녀여, 나는 너를 용납하노라.

나는 너를 있는 그대로 용납한다.

네가 준비될 때 내가 고쳐 주겠다.

나는 너를 있는 그대로 사랑한다.

나의 자녀여, 나는 네게 관심이 있노라.

나는 네게 일어나는 크고 작은 모든 일에 관심을 두고 있다.

나를 믿으라.

나는 그것에 대해서 무엇을 해줄 만큼 관심을 가지고 있다.

이것을 기억하라. 네가 나를 필요로 할 때 나는 너를 도와 주노라.

내게 구하라.

나는 너를 사랑한다.

나는 너를 용납한다.

나는 네게 관심이 있다.

나의 자녀여, 나는 너를 용서하노라.

나는 너를 용서한다. 나의 용서는 완전한 것이다.

나는 너를 사랑한다. 내 품은 사랑으로 열려 있다.

이리로 오너라! 내게 오너라!

나는 너를 용서한다.

제2단계 : 주님, 고맙습니다(빌 4:4-7).
"주님 감사합니다." - 모든 것을 감사하는 감사의 기도를 한다.
가족 한 사람 한 사람이 하루 종일 일어난 모든 것에 대해 감사한
다. 예수님은 당신을 사랑하시고(요 15:9) 당신을 안아주고 싶어
하시고(막 10:16) 당신을 초대하신다(마 11:28-30).

제3단계 : 주님, 용서해 주세요(약 5:13-16).

"주님 도와 주세요. 주님 용서해 주세요." 용서의 치유하는 능력과 자백하는 기도에 대해서 온 가족이 경험하도록 한다.

이 단계를 시작할 때 서로 정직하게 대하도록 해야 한다. 정직함은 우리에게서 죄의식의 짐을 벗겨 주며, 서로에게 귀를 기울이게 한다. 또한 서로에게 마음을 열어야 한다. 우리가 서로에게 마음을 열면 거기에는 사랑이 있고 진실이 흘러 나오며 모든 어두움은 빛 가운데서 폭로된다. 그러면 예수님께서 우리를 치유하실 수 있다. 온 가족이 기도할 때에는 마음을 열고 정직하게, 신뢰하며 단순하게 기도하는 것이 좋다.

제4단계 : 이웃을 도와 주세요(막 1:22-25).

"내 형제를 도와 주세요." 이 단계는 서로를 위해 깊이 중보기도하는 시간이다. 누가복음 11장 5-13절, 빌립보서 1장 9-11절, 야고보서 5장 14-16절을 읽는다. 특히 중보기도의 폭을 넓게 확장시켜 모든 사람을 위한 중보기도를 드린다. 가정에서 드릴 수 있는 중보기도의 예문은 아래와 같다.

🌸 중보기도문 모델

전능하신 하나님 아버지, 주께서 우리를 교훈하사, 모든 사람을 위하여 기도하라고 하셨나이다. 겸손히 기도하오니 우리의 간구함을 들어 주소서. 또 간구하오니 진리와 화평의 성령으로 온 교회를 주관하사 주의 거룩하신 이름을 믿는 자들이 성령 진리를 한 뜻으로 깨닫고 서로 화목하여 하나되게 하소서.

① 교회를 위하여 기도하오니 우리 교회가 주님의 진리 위에 굳건하게 서서 온전히 복음을 전하게 하시고 이 사회의 빛과 소

금이 되게 해주세요.

② 예수님 믿는 우리가 먼저 회개하고 새로운 사람이 되어 복음
을 전하게 해주세요.

③ 복음을 전하시는 목사님, 전도사님, 선생님 모두에게 성령 충
만하게 하셔서 담대히 복음을 전하게 해주세요.

 **선교를 위한 중보기도**

① 먼 곳에서 복음을 전하시는 선교사님들을 영육간에 강건하게
해주시고 담대히 복음을 땅 끝까지 전하게 해주세요.

② 선교사님 가정을 보호하시고 온갖 위험과 고난에서 보호해 주
세요.

③ 하루 빨리 북한에 복음이 전해져서 우리 나라가 하나님 안에
서 하나되게 해주세요.

④ 특히 어려운 상황 속에서 믿음을 지키는 공산권, 모슬렘 지역
의 성도들을 보호해 주세요.

 **사회 문화를 위한 기도**

① 이 땅의 온갖 나쁜 문화(음란, 저질, 퇴폐)가 사라지게 하시고
예수 그리스도의 문화가 꽃피게 해주세요.

② 무질서와 폭력이 사라지게 하시고 서로 아끼고 사랑하는 사회
가 되게 해주세요.

③ 텔레비전, 신문, 잡지들이 바르고 유익한 것만 사람들에게 보
도하게 해주세요.

④ 사탄의 문화가 날로 번창해 가는데 우리 그리스도인들이 정신
차려 이를 경계하고 자신을 지킬 수 있게 해주세요.

⑤ 학교에서 올바른 교육이 이루어져 도덕이 회복되게 하시고 모든 사람들이 하나님을 경외하게 해주세요.

⑥ 이 땅의 가난한 사람들, 슬픈 사람들, 가슴 아픈 사람들을 주님께서 위로해 주시고 모두가 서로 나누며 돕는 사회가 되게 해주세요.

⑦ 대통령, 장관, 그 외 정치 지도자 모두에게 하나님을 두려워하는 마음을 갖게 해주시고 선한 뜻으로 국민을 잘 다스리게 해주세요.

 ## 그리스도인들을 위한 기도

① 예수님 믿는 이 땅의 가정들이 회복되게 하시고, 불신 사회에서 아름답고 선한 열매를 많이 맺게 해주세요.

② 예수님 믿는 우리가 사치 낭비하지 않고 자연을 잘 보호하며 검소하게 사는 운동이 일어나게 해주세요.

③ 이 땅의 크리스천 어머니들이 성경적인 자녀 교육을 하게 해주세요.

④ 특히 가난하고 힘없는 자들을 아끼는 사회가 되게 하시고 고아원, 양로원, 모자원 사람들을 잘 돌보게 해주세요. 예수 그리스도의 이름으로 중보기도드립니다. 아–멘.

(7) 주의 기도로 드리는 가정 예배

 ## 기도 시간 구성

주님의 기도에 기초한다(마 6:9–13).

① **예배** : "하늘에 계신 우리 아버지여 이름이 거룩히 여김을 받

으시오며"(마 6:9)
하나님을 예배한다.

② **중보기도** : "나라이 임하옵시여 뜻이 하늘에서 이룬 것 같이 땅
에서도 이루어지이다"(마 6:10).
다른 사람들을 위해 기도한다.

③ **청원** : "오늘날 우리에게 일용할 양식을 주옵시고"(마 6:11)
가족의 필요를 위해 기도한다.

④ **죄의 고백** : "우리가 우리에게 죄 지은 자를 사하여 준 것같이
우리 죄를 사하여 주옵시고"(마 6:12)
죄를 고백할 수 있도록 하나님께 우리의 마음을 체크해 주실
것을 구한다. 하나님께 지은 죄를 낱낱이 고백한다.

⑤ **찬양** : "… 나라와 권세와 영광이 아버지께 영원히 있사옵나이
다"(마 6:13).
하나님을 찬양하며 경배한다.

가족의 일치와 영성 회복을 위한 기도 훈련

1. 가족을 위한 감사와 축복의 기도 훈련

① 하나님 아버지, 예수님의 이름으로 기도하오니 하나님의 얼굴을 (   )에게 비추시고, 은혜와 자비를 베푸시고 주님의 사랑을 더하여 주옵소서. (   )가 머리가 되고 꼬리가 되지 않게 하옵소서.

② 하나님께서 (   )를 사랑하시니 진심으로 감사드립니다. 그가 하나님의 나라와 그 의를 구하고 열심히 선을 행하게 하시니 감사드립니다. (   )는 하나님의 복이 되오니 그가 속한 가정과 이웃, 모든 곳에서 그로 인하여 복을 받게 하옵소서. 하나님의 은혜와 사랑이 주 예수님을 진심으로 사랑하는 (   )에게 임하옵소서.

③ 그가 주님의 은혜와 영광과 사랑을 사람들에게 전하게 하소

서. (   )가 하나님 아버지의 사랑안에 잠기게 하시고 자비의
영을 그 머리위에 부어 주소서. (   )는 하나님의 자녀요 하
나님이 창조하신 걸작품이오니 영광과 존귀의 면류관을 그에
게 씌워주시옵소서.

④ (   )가 오늘도 승리하게 하시고 주 하나님의 마음에 합한 사
람이 되게 하옵소서. (   )가 주님 안에서 성장하게 하시고
영적으로 점점 더 빛나게 하소서.
하나님 아버지, (   )가 모든 것을 배우고 익히는데 필요한
지식과 총명을 허락하옵소서.

⑤ 하나님께서 (   )가 자비와 사랑과 친절을 다른 사람들과 나
누게 하시고 날마다 예수님의 이름으로 만나는 모든 사람들에
게 사랑받는 자가 되게 하옵소서. (   )가 하나님의 풍성함으
로 가득 차게 하시고 모든 것을 사랑 안에서 행하게 하옵소서.

⑥ (   )가 구하거나 생각하는 모든 것에 하나님께서 풍성함으
로 넘치게 응답하여 주옵소서. 특별히 (   )가 사람들과 하나
님께 사랑받게 하신 것을 아버지께 감사드립니다.

⑦ (   )은 주님으로부터 배우고 하나님의 뜻에 순종하는 그리
스도의 제자입니다. 그에게 큰 평화와 변치않는 안정감을 허
락하옵소서. (   )이 마음이 늘 새롭게 하시고 맑은 정신과
영적 태도를 가지게 하옵소서.

⑧ 하나님께서 (   )에게 은혜와 평강, 힘과 보호, 건강과 치유,
거룩과 경건, 풍요와 번성, 성령의 모든 열매와 은사로 복 주
시길 예수님의 이름으로 기도합니다.

⑨ 주님, 여기 손 잡은 (   )의 앞길을 인도하시고, 영원히 동행
하시어 세상의 빛이 되고 소금이 되며, 삶의 모두가 거룩한 찬
양이 되게 하시고 모든 삶이 거룩한 예배가 되게 하소서.

⑩ 주님, 사랑하는 (   )을 훈계로써 인도하며, 가는 곳마다 보
호하시고 하늘의 양식을 주시며, 위험에서 구하여 주시고 주

님의 날개로 품어 주소서.

⑪ (   )은 주님의 택한 족속이요, 왕 같은 제사장이요, 거룩한 나라요, 하나님의 소유된 백성입니다. (   )의 영혼이 얼마나 아름답고 사랑스러운지요. (   )를 통해 큰 영광 받으실 하나님을 찬양합니다.

⑫ 주님, (   )의 생활을 은총으로 채우시며 (   )의 가슴을 찬송으로 가득 채워 주소서. 주님께서 (   )를 타락의 굴레로부터 보호하시고 청결함을 가져다 주심을 기뻐하게 하시며 영원한 기쁨의 환희와 함께 주님 안에서 영원히 거하게 하소서.

⑬ 하나님께서 (   )를 시냇가에 든든하게 심겨져 있는 푸르른 나무처럼 만들어 주시기를 원합니다. 하나님께서 계절이 바뀌는 대로 더욱더 잘 성장토록 하여 좋은 열매를 맺도록 하시고 결코 시들지 않고, 더욱더 푸르러져서 하는 일마다 번성하기를 기원합니다.

⑭ 주님, (   )가 주님 사랑 가운데 항상 거하도록 하시고 일관성 있는 믿음을 가지게 하시고 의의 일을 행할 수 있도록 해 주십시오.

⑮ 주님, (   )가 주님의 지혜와 가르치심을 알게 하소서. 판단하는 힘을 주시고 공의와 공평과 지혜로운 행동의 가르침을 받게 하소서. 하나님께서 (   )에게 신중한 마음을 주시고 지식과 분별력을 주소서. 그리고 주님을 마음 속 깊이 사랑하게 하시고 귀하게 여기도록 하소서.

⑯ 하나님, (   )가 마음을 다하여 당신을 신뢰하게 하시고 자신의 판단을 의뢰하지 않게 하소서. 하나님이 무엇을 원하시는지를 알게 하시고 그렇게 행하게 하소서. 그래서 그의 길이 바르게 하소서.

⑰ 하나님, (   )가 주님의 가르침을 잊지 않도록 하소서. (   )가 마음으로부터 당신의 계명을 지키게 하소서.

⑱ 하나님, (   )에게 더 많은 날을 주셔서 그의 사는 날 동안
평안이 가득하게 하소서.

2. 가족의 일치를 위한 기도 훈련

① 우리는 한가지로 말하며 우리 가운데는 분열이 없고 한마음
한뜻으로 완전하게 화합합니다.
② 하나님 아버지, 우리로 하여금 그리스도와 같은 마음가짐으로
서로에게 인내하고 조화를 이루며 살도록 도와 주시고 한 목
소리로 하나님께 영광의 찬송을 드릴 수 있도록 해주셔서 감
사합니다. 우리는 그리스도께서 우리를 받아 주신 것 같이 서
로를 따뜻하게 맞아들임으로써 하나님을 영화롭게 하고 있습
니다.
③ 우리가 주님의 면전에서 스스로를 늘 새롭게 하기 때문에 우리
는 서로 기쁨과 교제를 나누고 죄로부터 자유로울 수 있습니다.
④ 주님, 감사합니다. 주님은 평화에 이르는 길이십니다. 주님은
우리 사이를 갈라놓았던 원수의 벽을 허물어뜨리셨습니다. 주
님은 서로 대립해 있던 우리를 주님의 지체로 삼으셔서 한 몸
을 이루게 하셨습니다.
⑤ 우리는 서로 마음으로 격려를 받고 사랑으로 연합하여 지금은
완전히 이해하는 마음의 부요함으로 충만합니다. 또한 이로써
하나님의 비밀이신 예수 그리스도를 알게 됩니다.
⑥ 우리는 성령께서 평화의 띠로 묶어서 하나가 되게 해주신 것
을 지키기 위해 힘씁니다.

⑦ 우리는 행복한 한가족 같아서 서로에 대해 불쌍히 여기는 마음
으로 충만하고 온유하고 겸손한 마음으로 서로를 사랑합니다.

⑧ 주님, 우리는 함께 성령을 받아 주님 안에서 형제가 되었습니
다. 우리의 마음은 서로에게 애정이 있고 동정심이 있습니다.
우리는 서로 사랑하고 서로를 전적으로 지지하며 한마음과 한
생각과 한 목적으로 일하고 있습니다.

⑨ 주님, 감사합니다. 예수님과 아버지께서 하나이신 것처럼 우
리 모두는 하나입니다. 사람들이 이것을 보고 있으며 하나님
께서 예수님을 보내셨음을 믿고 있습니다.

⑩ 우리가 일어나 빛을 발합니다. 우리의 빛이신 주님께서 우리
에게 오셨고 주님의 영광이 우리 위에 임하셨습니다.

⑪ 우리의 사랑이 자라고 넘쳐나서 (　　　)를 사랑할 뿐만 아니라
모든 사람을 사랑하게 하신 주님께 감사드립니다.

⑫ 우리가 연합하여 함께 사는 것은 선하고 즐거운 일입니다.
우리가 하나가 되므로 하나님께서 우리에게 복을 내리도록 명
령하셨으니 이는 곧 영생입니다.

⑬ 주장이 강하고 믿음이 약하여 나와 다르게 생각하는 믿음의
동료들을 나는 마음문을 열고 맞아들입니다. 나는 그들을 정
중하게 대합니다.

⑭ 우리 믿는 사람들은 한마음 한뜻으로 의견이 일치됩니다.

⑮ 하나님, 하나님께서는 우리에게 하나님의 명령을 준행하도록
한마음 한뜻을 주셨습니다.

⑯ 하나님께서 예수님께 주신 영광을 우리에게 주셔서 예수님과
아버지께서 하나이신 것처럼 이제 우리도 하나가 되었습니다.
이 모든 말씀, 예수님의 이름으로 기도합니다. 아멘.

3. 말씀으로 기도하기

 아버지들을 위해 말씀으로 기도하기

① 주님, 주님께서 나로 하여금 형통하게 하셨으므로 나는 형통의 길을 걷고 있습니다.

② 나는 나의 가족들을 너그럽게 대하며 그들을 즐겁게 해 줄 일을 생각하며 그들에게 좋은 말을 해 평생토록 나에게 순종하길 원합니다.

③ 하나님의 손길이 나를 어루만지셔서 나에게 계명을 이행하고자 하는 한마음을 주셨습니다.

④ 주님, 주님께서는 나에게 나의 사람들에 대한 의무를 주셨습니다. 내가 말한 것은 무엇이든지 그대로 행할 것입니다. 그 누구도 나를 막을 수 없습니다.

⑤ 주님은 나의 가족들을 부양할 수 있도록 나를 강하고 견고한 말뚝처럼 만드셨습니다. 주님은 나에게 책임감을 지게 하시고 우리 가문의 명예가 되게 하셨습니다.

⑥ 주님, 내가 말할 때 함께 하시고 내가 해야 할 밀을 가르쳐 주셔서 감사합니다.

⑦ 주님께서 교회를 사랑하셔서 교회를 위하여 자신을 내어 주신 것처럼 나는 나의 아내를 사랑합니다. 나는 주님께서 교회에게 해주신 것처럼 그녀에게 생동감을 주며 주의를 기울여 보호하며 소중히 여깁니다.

⑧ 주님, 나는 나의 가족들에게 주님의 도를 지키도록 명령합니다. 우리 가족이 정의와 공의를 지키므로 아브라함에게 내렸던 복들이 나와 내 가족에게 내립니다.

⑨ 하나님 감사합니다. 예수님을 통하여 당신의 은혜를 내려 주셔서 내게 모든 것, 즉 언변과 지식이 풍부합니다.

⑩ 주님을 찬양합니다. 내가 주님을 경외하고 믿으므로 나는 상상을 초월한 복을 받았습니다. 그렇습니다. 내가 기쁘게 주님의 계명을 지키므로 나는 행복합니다.

⑪ 선한 사람의 자손은 특별한 복을 물려받으므로 내 자녀들이 어디서나 명성을 얻음을 주님께 감사드립니다.

⑫ 어둠이 나를 덮을 때 그 안에서 주님의 섬광이 터집니다. 나는 친절하고 인정이 많으며 내가 사업을 공정하게 운영하므로 모든 일이 다 잘되고 있습니다.

⑬ 나는 악한 상황에 압도당하지 않습니다. 하나님, 사람들은 주님께서 지속적으로 나를 돌보시는 것을 보고 감동을 받습니다. 나는 나쁜 소식을 겁내지 않으며 무슨 일이 생길까 두려워하며 살지도 않습니다. 주님께서 나를 보살피고 있음을 알고 있기 때문이며, 이는 내가 무서워하지 않고 나의 대적들을 평온한 얼굴로 마주할 수 있는 이유이기도 합니다.

⑭ 주님, 감사합니다. 주님께서 부모의 마음을 자녀에게로 자녀들의 마음을 부모에게로 돌려 주셔서 감사합니다.

 ## 어머니들을 위해 말씀으로 기도하기

① 나는 유능하며 지적이며 정숙한 여인입니다.

② 나의 남편은 내가 보석보다 훨씬 고귀하고 나의 가치가 루비나 진주보다 훨씬 높다는 것을 발견하였습니다.

③ 나의 남편은 나를 신뢰하며 그는 손해를 보지 않습니다.

④ 내 생명이 다하는 날까지 나는 남편을 편안하게 해주고 용기를 북돋아주며 그를 선하게 대합니다.

⑤ 나의 남편은 손을 대는 일마다 성공을 거두므로 그가 유명해집니다. 그는 이 땅의 유력자들과 자리를 함께 합니다.

⑥ 강함과 품위는 나의 의복이며 나의 지위는 확고하게 보장되어 있습니다. 나는 앞으로 다가올 미래를 기뻐합니다.

⑦ 나는 재치와 하나님의 지혜로 입을 열며 나의 혀에는 상담과 조언을 주는 애정담긴 법이 들어 있습니다.

⑧ 나는 가족들을 두루 살펴보며 게으름과 남의 험담과 불평과 자기 연민의 빵을 먹지 않습니다.

⑨ 나의 아이들은 나를 존경하며 일어나서 나를 복받은 분이라 합니다. 내 남편도 역시 그렇게 말합니다. 그가 나를 이렇게 칭찬합니다. "세상에는 훌륭한 아내들이 많이 있지만 당신이 최고요."

⑩ 나는 내가 행한 훌륭한 일들에 대해 칭찬을 듣습니다. 이 좋은 행실은 나에게 영예를 안겨 주며 다른 나라 지도자들에게까지 알려집니다.

⑪ 주님, 내가 주님 안에서 기뻐하는 쪽을 택하므로 힘이 생겼습니다.

⑫ 나는 나의 남편을 존경하며 경의를 표합니다. 나는 남편에게 주의를 기울이고 그를 배려하며 그를 영예롭게 하며, 그에게 우선권을 주며, 그를 흠모하며, 그를 존경합니다. 나는 그에게 양보하며 그를 칭찬합니다. 그를 사랑하며 진심으로 사모합니다.

⑬ 나는 남편의 계획에 나를 맞춥니다. 내가 주님께 대하여 말할 때 그가 들으려 하지 않더라도 나의 공손한 행동에 감동 받아서 주님께 복종하게 될 것입니다. 나의 경건한 생활은 백 마디 말보다 호소력이 있습니다.

⑭ 부드럽고 온화한 영에서 오는 변하지 않는 매력으로 나의 내면은 아름답습니다. 이는 하나님께서 귀하게 여기시는 것으로 하나님을 믿었던 옛 여인들도 이와 같았으며 그들은 남편들의 계획에 자신들을 맞추었습니다.

⑮ 내 눈빛은 나의 가족들과 친구들과 직장 동료들의 마음을 기

쁘게 하며 내가 들려 주는 좋은 소식은 그들의 뼈에 원기를 더
하여 줍니다.
⑯ 나의 즐거운 마음은 모든 사람에게 약효를 나타내며 나의 쾌
활한 마음은 내 주변 사람들을 회복시킵니다.

 ## 자녀들을 위해 말씀으로 기도하기

① 주님, 우리의 모든 자녀들이 주님으로부터 가르침을 받으며,
이 아이들이 큰 평안을 누립니다.
② 이 아이들이 자라며 강해지고 지혜로 충만하며 당신의 은혜가
그들 위로 내려 오고 있습니다.
③ 하나님, 하나님께서 이 아이들을 위해 하고 계신 생각과 계획
은 하나님께서 알고 계십니다. 이 생각과 계획은 불행한 것이
아니라 이 아이들의 행복과 평안을 위한 것이며 우리는 이 아
이들의 장래에 대한 희망을 갖고 있습니다.
④ 주님, 아이들에게 주님의 천사를 보내 주셔서 지금 그들이 가
는 길이 순조롭게 해주셔서 감사합니다.
⑤ 우리 아이들이 하나님께 복종하기를 원하도록 도우시고 하나
님이 원하시는 대로 행하도록 도우시는 분은 바로 하나님이십
니다.
⑥ 부모들은 아이들에게 마땅히 걸어야 할 길을 가르치며 아이들
은 나이가 들어서도 그 길을 떠나지 않을 것입니다.
⑦ 감사합니다, 주님. 우리 자녀들은 부모에게 순종하는 것을 마
땅히 해야 할 일로 여기고 실천합니다. 그들이 부모를 공경하
므로 그들에게는 만사가 형통하며 또한 장수를 누립니다.
⑧ 주님, 주님께서는 우리와 우리 자녀들이 온 마음과 정성을 다
하여 하나님을 사랑하도록 우리 마음과 우리 자손들의 마음을

깨끗하게 씻어 주셨고 우리는 모두 하나님 안에서 활기있게 살아갑니다.

⑨ 하나님께서는 우리 아이들이 가는 곳마다 지켜 주도록 천사들에게 명령하십니다.

⑩ 나의 부모와 조부모님들은 우리들에게 주님이 행하신 영광스러운 일들을 말해 주십니다.

⑪ 우리는 자녀들에게 잔소리를 늘어놓거나 꾸짖어서 아이들이 반항심을 품거나 분노하는 일이 없게 해야 한다는 것을 알고 있기에 주님께서 몸소 보여 주신 사랑이 담긴 훈계와 충고와 조언으로 그들을 양육합니다.

⑫ 주님, 주님께서는 우리 가정을 튼튼하게 하시고 우리 아이들에게 복을 내리셨습니다. 주님은 우리 울타리 안에 평화를 주시고 건강에 이로운 좋은 양식들을 채워 주셨습니다.

⑬ 주님, 감사합니다. 주님께서는 우리 아이들에게 자신들을 유지하는데 필요한 분별력과 자신을 지키는데 필요한 명철을 주셔서 올바른 길을 버리고 어두운 길로 다니는 악한 자의 길로부터 건져주셨습니다.

 ## 가족 전체를 위해 말씀으로 기도하기

① 주님, 사람들은 우리 가족이 주님께 속한 것을 보고 우리를 두려워합니다.

② 주님께서 우리에게 주신 땅에서 우리에게 좋은 것들을 풍족하게 주셔서 감사합니다.

③ 감사합니다, 주님. 주님께서 우리가 하는 일에 복을 주셔서 우리 가족들은 남에게 꾸어는 주지만 꾸어올 필요가 없습니다.

④ 우리 가족은 하나님의 명령들을 지키고 행합니다. 이에 주님

은 우리 가족을 꼬리가 아닌 머리가 되게 하셨고 항상 아래가
아닌 위에만 있게 하셨습니다.

⑤ 주님, 우리 가족은 주님을 섬기며 주님을 기쁘시게 합니다.

⑥ 우리 가족들은 다같이 "주의 성전에 갑시다." 라고 기쁘게 말
합니다.

⑦ 주님께서는 더욱 깊고 풍성하게 서로 서로를 사랑하도록 해주
셨습니다.

⑧ 우리를 높이시는 분은 주님이십니다. 주님께서 우리 가족을
일으켜 세우셨습니다.

⑨ 우리 가족이 정말로 기쁘게 한마음이 되어 살아가기에 주님은
우리 가정 위로 복을 내리도록 명령하셨습니다.

⑩ 오! 주님, 우리가 주님의 음성에 귀를 기울이니 모든 복이 우
리 가정을 따라 다닙니다.

⑪ 주님, 감사합니다. 우리 가족은 집에 들어오나 바깥에 나가나
항상 복을 받습니다.

⑫ 주님, 감사합니다. 주님은 우리 가족 중 그 누구와도 대항하려
는 모든 대적들을 물리쳐 주셨습니다. 그들은 한 길로 쳐들어
왔으나 일곱 방향으로 도망칩니다.

⑬ 우리 가족이 손으로 하는 모든 일이 복을 받았습니다. 우리는
하나님께서 우리에게 주신 땅에서 복을 받았습니다.

⑭ 주님 우리 가족을 변화시켜서 거룩한 백성으로 주님께 헌신하
게 하시니 얼마나 우리가 복이 많은지요. 우리는 주님께 순종
하고 주님의 길을 걸으려고 합니다.

⑮ 오 주님, 주님께서 우리 가족들에게 해롭지 않고 평안한 일을
하고 계시기에 우리 가족들의 미래는 밝으며 희망이 넘칩니
다.

⑯ 우리에게 믿음 가운데 기쁨과 평화를 주시는 소망의 하나님,
우리는 주님을 알고 있습니다. 우리 가족들은 성령의 능력에

서 오는 소망으로 충만합니다.

4. 훌륭한 부모가 되기 위해 드리는 기도

- 주님, 저로 하여금 하나님을 반사하는 부모가 되게 하소서.
- 주님, 제가 잔소리가 아니라 행동으로 모범을 보이게 하소서.
- 주님, 제 믿음이 저희 자녀를 구원하게 하소서.
- 주님, 제가 영적 축복을 상속하는 자가 되게 하소서.
- 주님, 저희 자녀 구원이 출세보다 중요함을 알게 하소서.
- 주님, 제가 신앙 면에서 자녀에게 귀감이 되게 하소서.
- 주님, 제가 자녀를 위해 희생을 각오하는 보증인이 되게 하소서.
- 주님, 제 자녀의 신앙교육은 제가 책임지게 하소서.
- 주님, 부모된 저희가 가정의 제사장이 되게 하소서.
- 주님, 제가 주님을 공경하면서 자녀에게 부모 공경을 요구하게 하소서.
- 주님, 자녀들을 방치해 두지 않고 근실히 훈계하게 하소서.
- 주님, 자녀들에게 주님만을 섬기는 법을 가르치게 하소서.
- 주님, 자녀교육의 지혜를 기도를 통해 얻게 하소서.
- 주님, 귀한 자녀일수록 징계하게 하소서.
- 주님, 자식 키우는 일이 불안할 때면 항상 기도로 매달리게 하소서.
- 주님, 제 자녀가 약삭빠른 아이보다는 선량한 아이가 되게 하소서.
- 주님, 자녀에게 테크닉보다는 좋은 습관을 길러주게 하소서.

- 주님, 자녀에게 순종을 가르치는 것이 중요함을 알게 하소서.
- 주님, 자녀에게 신앙고백을 분명하게 가르치게 하소서.
- 주님, 제 자식에게 재산보다는 구원을 상속하게 하소서.
- 주님, 자녀들을 하나님 나라에 합당하게 키우게 하소서.
- 주님, 부모된 저희가 먼저 어린이와 같은 신앙을 가지게 하소서.
- 주님, 제가 먼저 거룩한 아버지가 되게 하소서.
- 주님, 제가 먼저 하나님 말씀을 믿는 어버이가 되게 하소서.
- 주님, 불평이 아니라 감사의 모범을 보이는 어버이가 되게 하소서.
- 주님, 제 자녀들이 예수님을 닮게 양육하게 하소서.
- 주님, 이 세상의 영으로가 아니라 성령으로 자녀를 양육하게 하소서.
- 주님, 부모 된 제가 성경대로 사는 모범을 보이게 하소서.
- 주님, 제가 거룩한 만큼 자녀들도 거룩해지는 것을 알게 하소서.
- 주님, 윽박지름이 아니라 사랑으로 훈육하는 어버이가 되게 하소서.
- 주님, 제가 주님의 권위에 순복할 때 자녀도 제 권위에 순복함을 알게 하소서.
- 주님, 제가 가정을 잘 다스리는 부모가 되게 하소서.
- 주님, 무엇보다도 저희 자녀가 '예수 믿는 자녀'가 되게 하소서.
- 주님, 자녀를 믿음, 소망, 사랑으로 양육하게 하소서.
- 주님, 제가 성경적 원칙을 세워 자녀를 양육하게 하소서.

5 . 가족 공동체 회복과 영적 성장을 위한 기도

✿ (   ) 에 가정 식구 이름을 넣어 기도를 하면 된다.

- 주님, (   )가 깊은 경외심을 가지고 주님을 경배하게 하옵소서. 또한 주님의 사랑과 자비로써 나의 자녀를 보호하옵소서. (   )가 전심으로 당신을 찬양하게 하옵시고 당신이 행하신 그 놀라운 일들을 증거할 수 있는 사람이 되게 하옵소서.

- 주님, (   )가 주님과 주님의 자비를 항상 신뢰하게 하옵소서. (   )를 그토록 풍요하게 하신 주님의 은총으로 인해 주를 노래하고 주의 구원의 손길 안에서 기뻐하게 하옵소서.

- 주님, (   )를 당신의 눈동자처럼 보호하시고 당신 날개의 품에 그를 품어 주옵소서.

- 주님, (   )를 강건하게 하시고 안전한 곳으로 인도하시며 그가 순결하고 정의로울 수 있게 하옵소서.

- 주님, 당신의 말씀은 완전합니다. (   )로 하여금 그 안에서 빛과 지혜를, 기쁨과 보호를 발견하게 하옵소서.

- (   )으로 하여금 수님만이 유일한 기쁨일 수 있게 하옵소서.

- 주님, 당신은 (   )의 목자이십니다. (   )에게 필요한 모든 것을 허락하옵소서.

- 주님 (   )를 깨끗한 손과 순결한 영혼을 가진 사람이 되게 하옵소서. 또한 거짓과 부정직으로부터 벗어나게 하옵소서. 당신께서는 이렇게 사는 사람들에게 은총을 약속하셨습니다.

- 주님, (   )에게 가야 할 길을 보이시고 걸어야 할 올바른 길로 인도하옵소서. (   )에게는 당신이 없으면 희망도 없습니다.

- 주님, (   )가 곧은 길로 걷게 하시고 정의의 좁은 길을 가게 하시며 죄악과 유혹으로부터 (   )를 지켜 주시는 여호와를 자랑스럽게 찬양하게 하옵소서.

- 주님, 인생의 모든 풍파로부터 (   )를 보호하는 피난처가 되어 주옵소서. (   )를 위험에 빠지지 않게 지켜 주시고 (   )의 주위가 승리의 노래로 메아리치게 하옵소서.

- 주님을 믿는 자들을 영원한 사랑으로 감싸주옵소서. 그리고 (   )가 주 안에서 기뻐하며 기쁨으로 환호하게 하옵소서.

- 주님, (   )가 모든 사람에게 주님이 얼마나 위대하시며 선하신 분인지에 대해 말하게 하옵소서.

- 주님, 목말라 물을 찾는 사슴처럼 (   )가 주님을 사모하게 하옵소서. 살아 계신 하나님을 갈망하게 하옵소서.

- 주님, 당신은 우리의 피난처시요 힘이십니다. 곤경에 빠진 우리에게 은총의 선물을 베푸십니다. 비록 하늘이 무너지고 땅이 꺼지는 일이 있더라도 (   )로 하여금 두려움에서 벗어날 수 있게 하옵소서.

- 주님, (   )를 주님의 보혈로 닦아주옵소서. (   )는 눈보다도 희어질 것입니다. (   )의 죄를 기억지 마시고 그것들을 당신의 시선에서 지워 주옵소서.

- 주님, (   )은 당신께서 기르시는 올리브 나무와 같습니다. (   )로 하여금 영원히 당신의 자비를 신뢰하게 하옵소서.

- 주님, (   )의 영혼을 평온하게 하시고 풍성하게 하시며 주의 은총을 노래하게 하옵소서.

- 주님, (   )가 이 메마르고 무미 건조한 세상에서 주님을 갈망하게 하옵소서. 주님의 사랑과 은총은 우리의 삶 자체보다도

귀중합니다.

- 주님, (　　　)에게 천하고 야비한 일을 거절할 수 있는 힘을 주옵소서. 비뚤어진 모든 행위를 미워하며 그것들 속에 거하지 아니하고 모든 이기심을 버리며 모든 죄악에서 머물지 아니하고 이웃을 허는 자를 참지 아니하며 교만과 허영을 허락하지 않도록 도와 주옵소서.

- 주님, (　　　)가 충실한 증인이 되고 당신의 구원을 증거하며 언제나 당신이 사랑이 많고 친절하시다는 것을 전할 수 있는 능력을 주옵소서.

- 주님, (　　　)의 눈을 뜨게 하시고 주님의 말씀 속에서 아름다운 것을 보게 하옵소서. (　　　)는 세상의 순례자이므로 지도가 필요합니다. 그 주님의 명령이 (　　　)의 안내 지도가 되기를 바랍니다.

- 주님, 당신은 우리를 창세 이전에 하나님의 자녀로 택하셨습니다. (　　　)에게 거룩한 생활을 위한 힘과 소망을 주옵소서.

- 주님, 우리는 당신의 피조물이며 봉사와 사랑으로 살아야 합니다. (　　　)가 자신의 생활 속에서 이것을 실천하기를 원합니다.

- 주님, (　　　)의 마음이 사랑 안에서 뿌리를 내리고 굳어지게 하셔서 그 넓이와 깊이로 주님의 사랑을 깨닫게 하옵소서.

- 주님, (　　　)에게 어두움과 무감각과 고통 대신에 온유함과 용기 그리고 용서의 마음을 주옵소서.

- 주님, (　　　)가 유혹의 욕심을 따라 썩어져 가는 옛 사람을 벗어버리고 심령이 새롭게 되어 선하고 신선한 새로운 옷을 입게 하옵소서.

- 주님, (　　　)가 좋지 못한 성품을 버리고 인자한 사람이 되기를

기도합니다.

- 주님, (　　)가 지극히 선한 것을 분별하고 주님이 오실 날까지 성결하게 되기를 원합니다.

- 주님, 당신께선 저희들에게 겸손한 사람(심령이 가난한 사람)과 마찬가지로 온유한 자와 긍휼히 여기는 사람은 복이 있다고 말씀하셨습니다. (　　)에게도 이런 겸손함과 유순함과 자비로움을 주옵소서.

- 주님, (　　)를 의에 주리고 목말라 하게 하소서.

- 주님, (　　)를 위해 두 가지를 소원합니다. 첫째로 (　　)의 마음이 깨끗하며 둘째로 화평을 이루는 자가 되게 하옵소서.

- 주께서 말씀하시기를 우리는 세상의 소금이라 하셨습니다. 소금의 목적은 신선함을 유지하고, 풍미를 더하며 깨끗하게 하는 것입니다. (　　)도 우리 사회의 소금이 되어 쇠퇴와 도덕적 타락으로부터 자신을 지키게 하옵소서.

- 주께서 우리를 세상의 빛이라 하셨으니 (　　)도 그러한 빛이 되어 많은 사람들이 (　　)의 선행과 당신께 영광 돌리는 것을 본받게 하옵소서.

- 주님, (　　)가 세상의 상급을 찾지 않게 하소서. (　　)가 주님의 일을 함에 있어서 외식하는 자가 되지 않게 해주옵소서.

- 주님께서는 우리에게 마음과 뜻과 영혼을 다하여 주님을 사랑함이 첫째 계명이라 하셨나이다. (　　)가 이 계명을 지키게 하옵소서.

- 주님께서 우리에게 진실로 위대함은 남을 섬기는 것이며 낮아지고자 하는 자는 높아지리라고 가르치셨습니다. (　　)에게 이러한 주님의 마음을 주옵소서.

• 주님께서 하신 지상 명령은 우리에게 가서 가르쳐 제자를 삼고 세례를 주라는 것입니다. (   )에게 이 사명의 중요성을 알게 하시고 순종하게 도와 주옵소서.

• 주님, 나무는 그 열매를 보아 알 수 있습니다. 우리 또한 그러하오니 (   )의 삶에 좋은 열매를 맺게 하옵소서.

• 주님께서 말씀하시기를 너희는 나를 불러 주여 주여 하면서도 어찌하여 나의 말하는 것을 행치 아니하느냐고 하셨습니다. 당신의 말씀대로 행하는 자는 좋은 반석 위에 집을 짓는 자와 같습니다. 이로 비추어 (   )도 주님이 말씀하신 대로 행하게 하옵소서.

• 주님, (   )에게 합당한 임무를 주옵소서. 뒤돌아보지 않고 오직 미래를 향해 도전할 수 있도록 도와 주실 것을 믿습니다.

• 주님, (   )의 삶이 오직 주님을 섬기는 일로 가득 차게 하옵소서. 당신을 따르는 일에 기꺼이 (   )의 일생을 바칠 수 있기를 기도합니다.

4장
사순절기의 가족 영성 교육

　사순절은 교회력 중에서 주일을 제외한 부활주일 전 40일간(사순)을 의미하며 그리스도의 고난과 죽음 그리고 구원의 은혜를 마음 속 깊이 새기며 묵상하고 회개하는 기간을 말한다.

　원래 사순절은 자기 근신과 금식의 기간, 참회의 기간, 영적 훈련의 기간으로 예수 그리스도와 함께 고난과 죽음으로 향해 가는 순례로 자기 부인과 자신이 죽는 것을 배우는 시간이다(갈 2:20).

　교회력 안에서 사순절에는 인내, 겸손, 고난을 나타내는 보라색 색깔을 사용한다. 특히 속죄일에는 자신이 먼저 죄에 대하여 죽음을 의미하는 검정색, 세족 목요일에는 성결을 뜻하는 흰색, 성금요일에는 희생과 수난과 승리의 색인 그리스도의 보혈을 상징하는 빨강색을 사용한다.

　사순절기는 부활절을 위한 신앙의 성장과 회개를 통한 영적 준비의 시기이며 교회력 중에서 주님의 수난과 죽음에 초점을 맞추는 시간이다.

또한 사순절은 "회개하라."는 광야의 소리가 울려 퍼지는 시기이다. 그래서 급변하는 사회속에서 숨가쁜 나날을 살아가는 우리에게 인간 본연의 모습이 어떤지 살피고 하나님 앞에 선 우리의 모습을 일깨우며 하나님을 떠난 우리에게 다시금 본래의 모습대로 돌아오라고 하나님께서 은총을 베푸시는 시기이다.

그러므로 그리스도인에게 있어 사순절은 평상시와는 다른 날이어야 한다. 자신의 내면을 살피고 철저한 회개를 통하여 삶의 변화를 이루어야 한다.

변화를 위해선 무엇보다도 내면을 성찰하는 시간, 참회하는 시간, 구원의 은혜에 감사하는 시간, 하나님과 이웃과 화해하는 시간이 필요하다.

사순절은 깊은 신앙을 배울 수 있는 매우 중요한 시기이다. 그러기에 교회와 가정에서 사순절의 깊은 의미를 상고하면서 예수 그리스도와 연합하는 기쁨을 누려야 한다. 가정에서 의미있는 사순절을 맞기 위해 몇 가지 영성 교육의 방안들을 소개하고자 한다.

원래 사순시기는 속죄일(재의 수요일)에서 시작되어 성금요일(Good Friday)에 끝난다.

(1) 속죄일(재의 수요일)

거룩한 사순절이 시작되는 첫날이며 수요일이다.

속죄일의 상징은 재(Ash)이다. 이것은 "사람아 생각하라, 너는 흙이니 흙으로 돌아갈 줄을 기억하라."(창 3:15)를 기억하는 것이다. 재가 상징하는 것은 흙으로 빚어진 인간 본래의 모습, 타락한 인간의 모습을 일깨우는데 있다. 마음의 교만을 버리고 우리의 본래 모습을 묵상하면서 하나님께 겸손히 나아가는 시간이 필요하다.

의미있는 사순시기를 보내기 위해서 예수님과 우리 자신의 삶에 대하여 생각을 집중시키고 주님의 생애를 묵상하며 그분을 닮도록

노력해야 한다. 이것을 위해 교회와 가정에서 구체적으로 실천할
수 있는 일들은 다음과 같은 것들이 있다.

🌸 예를 들면 다음과 같다.

① 새롭게 기도생활 시작하기
② 성경을 읽고 묵상하는 시간 갖기
③ 가정 예배 시작하기
④ 개인의 영적 성숙을 위한 훈련의 기회 갖기
⑤ 이웃을 위한 봉사와 섬김의 시간 갖기
⑥ 절제와 금식 훈련, 참회의 시간 갖기
⑦ 가족을 사랑하고 자신의 것을 나누기
⑧ 가족, 이웃과 화해하기 등·

(2) 종려주일

종려주일은 예수님의 예루살렘으로의 승리의 입성을 축하하는
주일으로 부활 전 주일이며 사순절의 절정이라 할 수 있는 성주간
(고난주간)이 시작되는 첫 날이다. 이 주간에는 더욱 뜻깊게 주님의
고난에 동참하는 시간이기도 하다.

종려주일은 사순절의 여섯 번째 주일이 된다. 이 주일은 특히 그
리스도를 모르는 사람들에게 그리스도의 구원의 비밀을 공적으로
알려 주는 절기로서 그 가치를 가지고 있다.

고대 교회에서는 '세례 지원자 주일'이라고 불렀는데 이 명칭은
부활절에 세례를 받기 위하여 준비하는 시간으로 기독교 신조와 주
의 기도를 배웠다. 예수님의 고난의 시작과 십자가의 죽음을 깊이
생각하는 고난주간에는 예루살렘의 입성, 성전 청소, 감람산 설교,
유다의 배신, 다락방의 세족식, 겟세마네의 기도, 갈보리의 죽음,
무덤에 묻히심 등 예수 고난의 흔적들을 깊이 새겨볼 수 있다.

(3) 세족 목요일

이날은 예수님께서 유월절 목요일 다락방에서 제자들에게 "새 계명을 너희에게 주노니 서로 사랑하라."(요 13:34)라는 가르침을 주신 날을 기념한다. 이날 성찬식에 참여하며 세족식을 행하기도 한다.

(4) 성 금요일(Good Friday)

성 금요일은 하나님께서 인간을 구원하시기 위해 예수 그리스도를 화목의 제물로 주신 놀라운 사랑의 날이다. 이날은 예수님께서 십자가에 못박히신 슬픈 날이지만 하나님께서 그리스도의 생애를 통하여 인간을 위한 구원의 사역을 성취하셨기에 바로 이 부활 사건의 전체를 선하게 받으셨기에 Good Friday이라고 한다.

이날은 우리를 구원하신 하나님의 깊은 사랑과, 죽음으로 그 사랑을 보여 주신 예수님의 은혜를 깊이 성찰해 보아야 한다. 그리고 주님의 고난에 감사하며 이 거룩한 고난에 동참하기 위한 우리의 헌신을 생각해 보아야 한다.

고난의 동참없이 부활의 영광을 경험할 수 없고 참회의 회심없이 구속의 감격을 누릴 수는 없을 것이다.

1. 삶의 성찰과 거룩한 삶 연습하기

 가정에서 하는 사순절의 영성 교육

예수 그리스도의 고난과 죽음의 신비를 마음에 깊이 새기면서 그 은총에 감사하기 위해 아래와 같은 질문에 스스로 대답해본다.

① 고난 당하신 그리스도 앞에 부끄러운 것은 무엇인가?
② 나는 그리스도인 답게 올바르게 살아가고 있는가?
③ 나는 그리스도를 위하여 무엇을 하였는가?
   나는 그리스도를 위하여 무엇을 하고 있는가?
④ 나는 그리스도를 위하여 무엇을 하고 싶은가?
⑤ 나는 이웃을 깊이 사랑하며 화평하게 지내는가?
⑥ 나의 삶의 목적과 비전은 하나님 나라에 합당한가?
⑦ 나는 삶의 순간 순간을 주님의 임재 속에 머물며 그분의 뜻을 행하려고 노력하고 있는가?
⑧ 나는 그리스도인으로서의 삶의 가치를 얼마나 느끼고 있는가?
⑨ 나의 삶에 겸손, 인내, 사랑, 화평, 절제, 기쁨의 열매가 나타나고 있는가?
⑩ 나는 대접받고 존경받고 인정받는 것에 참으로 자유로운가?
⑪ 나는 교회와 가정에서 섬기는 자로, 그리고 화평케 하는 자로 살아가고 있는가?
⑫ 나는 그리스도를 닮으려는 성화의 노력을 얼마나 하고 있는가?
⑬ 내 삶의 주인은 그리스도인가? 아니면 나 자신인가?

거룩한 사순절 기간 동안 매일매일 다음과 같은 질문을 던져 보면서 자신을 점검해 볼 수 있는 시간을 갖는다.

오늘 하루 동안 있었던 사건들은 무엇인가?

첫 번째, 하루를 사는 동안 어떤 일이 일어났는가? 이 하루의 사건들 중에 하나님의 속삭임이나 하나님의 임재를 암시하는 것들이 있었는가?

두 번째, 오늘 하루를 마감하면서 하나님께 여쭤 보고 싶은 것은 무엇인가?

세 번째, 오늘 하루를 통틀어 나는 어떤 방식으로 하나님의 뜻 안에서 살려고 했는가?

네 번째, 오늘 하루를 통틀어 나는 어떤 방식으로 하나님의 뜻 밖에서 살려고 했는가?

다섯 번째, 하나님이 내게 어떤 직면의 말씀을 주셨는가?

여섯 번째, 하나님이 내게 주시려는 위로의 말씀이 있었는가?

일곱 번째, 하나님이 내게 주시려는 격려와 도전의 말씀이 있는가?

여덟 번째, 오늘 누구를 만났는가?

아홉 번째, 오늘 나는 어느 부분에서 두려워하고 긴장했는가?

열 번째, 나는 하나님의 은혜를 어떻게 체험하고 있는가?

열한 번째, 오늘, 이 주간에 나는 하나님과 어떻게 동역하였는가?

열두 번째, 내가 하나님 앞으로 솔직하게 들고 나가지 못하는 일들은 무엇인가? (가령 분노 혹은 두려움)

열세 번째, 하나님의 은혜나 사랑을 경험하는 것을 놓친 부분은 어디인가?

열네 번째, 내가 자백해야 할 일은 무엇인가?

열다섯 번째, 내가 하나님의 음성을 들을 때 내 안에서 변화되는 것은 무엇인가?

열여섯 번째, 내가 나의 삶 속에서 다른 사람들과 관계를 맺을 때 경험하게 되는 나의 태도는 무엇인가?

2. 예수님의 고난과 죽음에 대해 성경으로 묵상하기

① **롬 7:4-7** … 여러분도 그리스도와 한몸이 되어 … 죽은 자들 가운데서 살아나신 그리스도의 사람이 되고 하나님께 유용한 사람들이 되었습니다 … 우리는 죽어서 그 제약을 벗어났습니다.

② **엡 2:1-7** 하나님께서는 … 그 크신 사랑으로 우리를 사랑하셔서 잘못을 저지르고 죽었던 우리를 그리스도와 함께 다시 살려 주셨습니다.

③ **고후 5:1-9** … 죽음이 생명에게 삼켜져 없어지게 되기를 갈망하고 있습니다 … 하나님은 … 우리에게 그리스도 그 보증으로 성령을 주셨습니다.

④ **계 1:4-8** 예수 그리스도께서는 … 죽음으로부터 제일 먼저 살아나신 분이시며 … 우리를 사랑하신 나머지 … 우리를 죄에서 해방시켜 주셨습니다.

⑤ **눅 7:18-23** … 소경이 보게 되고, 절름발이가 제대로 걸으며 … 죽은 사람이 살아나고 … 나에게 의심을 품지 않는 사람은 참으로 행복한 사람입니다.

⑥ **사 17:22-34** … 그분은 모든 것을 주시는 분입니다. … 생명과 호흡을 … 사람들에게 … 우리는 그분 안에서 숨쉬고, 움직이며, 살아갑니다.

⑦ **벧전 2:21-25** 그분은 우리 죄를 당신 몸에 친히 지시고 십자가에 달리셔서 우리로 하여금 죄의 권세에서 벗어나 올바르게 살게 하였습니다. …

⑧ **롬 1:3-7** ('예수님'은 거룩한 신성으로 말하면 … 죽은 자들 가운데서 부활하심으로써 하나님의 권능을 나타내어 하나님의 아들로 확인되신 분입니다.) 내가 은총으로 사도직을 받은 것도 그분을 통해서였습니다. … 여러분도 그들과 함께 예수 그리스도의 부르심을 받았습니다.

⑨ **고후 4:7-12** … 질그릇 같은 우리 속에 이 보화를 담아 주셨습니다. 이것은 그 엄청난 능력이 … 하나님께로부터 나온다는 것을 보여 주시려는 것입니다. … 우리의 죽을 몸에 예수의 생명이 살아 있음을 드러내려는 것입니다.

⑩ **롬 5:6-11** … 그리스도께서는 우리 죄 많은 인간을 위해서 죽으셨습니다. 이리하여 하나님께서는 우리들에게 당신의 사랑을 확실히 보여 주셨습니다. … 우리는 그분으로 올바른 관계를 얻었습니다.

✿ **참고로 사순절에 사용할 성구는 다음과 같다.**

① **사순절 1주** – 시 42:1-2, 51:15-17; 사 53장; 욜 2:12-13; 눅 5:31-32

② **사순절 2주** – 창 12:1-8, 28:10-22; 시 105:4-11; 막 8:31-38; 요 4:5-26; 롬 5:1-11; 빌 3:17-4:1

③ **사순절 3주** – 시 126, 142; 사 42:14-21; 눅 13:1-9; 요 9:1-14; 고전 10:1-13; 엡 5:8-14

④ **사순절 4주** – 시 32, 43; 사 12:1-6; 호 5:15-16; 마 20:17-28; 눅 15:1-3; 롬 8:1-10

⑤ **사순절 5주** – 시 51:11-16, 116:1-8; 렘 31:31-34; 눅 20:9-19; 요 11:1-53, 12:20-33; 롬 8:11-19; 빌 3:8-14; 히 5:7-9

✿ **고난주간에 관계된 성경 말씀**

① 겟세마네 동산에서 기도하시는 예수 : 마 26:36-46, 막 14:32-42, 눅 22:39-46

② 배반당하고 잡히신 예수 : 마 26:47-56, 막 14:43-50, 눅

22:47-53, 요 18:3-12

③ 의회 앞에 서신 예수 : 마 26:57-68, 막 14:53-65

④ 예수를 부인한 베드로 : 마 26:69-75, 막 16:66-72

⑤ 빌라도 앞에 서신 예수 : 마 27:11-26, 막 15:1-5, 눅 23:1-
5, 요 18:28-38

⑥ 사형 판결을 받으신 예수 : 마 27:15-26, 막 15:6-15, 눅
23:13-25, 요 18:39, 19:16

⑦ 조롱 당하신 예수 : 마 27:27-42, 막 15:16-20, 요 19:2-3

⑧ 십자가에 못박히신 예수 : 마 27:32-37, 막 15:21-32, 눅
23:26-43, 요 19:17-27

⑨ 운명하신 예수 : 마 27:45-54, 막 15:33-41, 눅 23:44-49,
요 19:28-30

⑩ 무덤에 묻히신 예수 : 마 27:57-61, 막 15:42-47, 눅 23:50-
56, 요 19:38-42

3. 가상칠언과 비아돌로로사(십자가의 길) 묵상하기

 **십자가 위의 마지막 말씀(가상칠언) 묵상하기**

① 아버지여 저희를 사하여 주옵소서. 저희는 자기가 하는 것을 알지 못함이니이다(눅 23:34).

② 예수여 당신의 나라가 임하실 때에 나를 생각하소서. 내가 진실로 네게 이르노니 오늘 네가 나와 함께 낙원에 있으리라(눅 23:42-43).

③ 여자여 보소서 아들이니이다. 보라 네 어머니라(요 19:27-28).

④ 엘리 엘리 라마사박다니 나의 하나님 나의 하나님 어찌하여 나를 버리셨나이까? (마 27:46)

⑤ 내가 목마르다(요 19:29).

⑥ 다 이루었다(요 19:30).

⑦ 아버지여 내 영혼을 아버지 손에 부탁하나이다(눅 23:30).

가상칠언을 묵상한 후 한마음으로 고백의 기도를 드린다.

주님을 아프시게 한 것은 쓰라린 가시 면류관이 아니요
　　　　　　　〃　　수치와 조롱의 침 뱉음이 아니고
　　　　　　　〃　　연거푸 내려치는 채찍질이 아니며
　　　　　　　〃　　괴로움의 못박히심이 아니라
　　　　　　　〃　　날카로운 창 박히심이 아니라
　　　　　　　〃　　우리의 배반이요
　　　　　　　〃　　우리의 불순종이며
　　　　　　　〃　　주님의 마음을 모르는 우리의 불신과
　　　　　　　　　　무지입니다.

 **비아돌로로사(십자가의 길) 묵상하기**

① 예수, 사형 선고 받으심을 묵상합시다. - 인류를 구원하시고 자 사형 선고 받으신 주님, 우리 죄를 용서하소서.

② 예수, 십자가 지심을 묵상합시다. - 십자가 지신 주 예수를 바라보라. 그 고통이 어떠한가!

③ 예수, 기진하시어 넘어지심을 묵상합시다. - 기진하여 넘어지신 주 예수를 바라보라. 그 고통이 어떠한가!

④ 예수와 어머니 서로 만나심을 묵상합시다. - 주님, 당신께서 마리아에게 베푸신 인자하심을 우리에게도 베풀어 주옵소서.

⑤ 시몬이 예수를 대신하여 십자가를 짊어짐을 묵상합시다. - 십자가를 대신 지고 가는 구레네 시몬처럼 내 십자가 지리이다.

⑥ 예수께서 베로니카의 손수건으로 얼굴을 씻으심을 묵상합시다. - 주님께서 당하신 고난을 마음 깊이 새겨 우리 죄를 미워하게 하소서. 또한 뜨거운 사랑으로 주님을 섬기게 하소서.

⑦ 예수께서 두 번째로 넘어짐을 묵상합시다. - 우리의 죄와 욕심으로 인해 주님을 두 번씩 부인하지 않게 하소서.

⑧ 예수께서 예루살렘의 여인들을 위로하심을 묵상합시다. - 우리에게 회개하는 마음을 주옵소서.

⑨ 예수께서 세 번째 넘어지시다. - 주님, 당신의 사랑보다 더 큰 것은 없습니다.

⑩ 예수께서 옷을 벗기우시다. - 주님, 저의 소중한 것을 주님께 바칩니다.

⑪ 예수께서 십자가에 못박히심을 묵상합시다. - 주께서 십자가에 못박히신 것 같이 우리도 주님과 하나가 되게 하소서.

⑫ 예수께서 십자가에서 숨을 거두심을 묵상합시다. - 죽음에 이르기까지 우리를 사랑하신 주님, 저도 주님을 사랑하겠습니다.

⑬ 예수께서 십자가에서 내리워짐을 묵상합시다. - 주님, 당신께

위탁합니다.

⑭ 예수께서 무덤에 묻히심을 묵상합시다. – 하나님 아버지의 뜻
을 따라 생명을 바치신 주님, 우리로 하여금 당신을 좇게 하소
서.

4. 성시와 기도로 예수님 묵상하기

 **주일의 기도**

사랑의 하나님, 우리는 이 거룩한 사순절 시기에 마음을 모아 주님께 기도 드리고 싶습니다. 우리가 무슨 말씀을 드리기 전에 주님께서는 우리 마음의 간절한 소망을 이미 알고 계시나이다. 사랑이신 주님, 당신으로만 만족하는 길을 가르쳐 주옵소서. 우리와 함께 걸으시며, 우리 생활이 기도가 되게 하소서. 자비로우신 주님, 당신은 우리에게 풍성한 은혜를 주셨사오나 우리는 어리석고 배은망덕할 때가 많사오니, 당신께 감사하는 마음을 일으켜 주시고, 용기와 힘을 더해 주시어 당신께 우리 자신을 바치게 하시고 이웃에게도 당신의 은총을 나누게 하소서.

우리 생활 가운데에서 나쁜 습관과 이기적인 태도 그리고 죄악에서 우리를 구하여 주소서. 무슨 일이든지 최선을 다하며, 주님과 함께 일하며, 기도의 정신으로 임하게 하소서. 주여, 우리를 이끄시고, 당신의 길을 우리에게 보이소서. 아멘.

우리가 부유하게 되도록 그분은 가난해지셨습니다.

우리가 거듭나도록 그분은 인간으로 나셨습니다.

우리가 그분의 자녀가 되도록 그분은 종이 되셨습니다.

우리가 천국의 집을 갖도록 그분은 집을 포기하셨습니다.

우리가 자유롭게 되도록 그분은 속박당하셨습니다.

우리가 의롭게 되도록 그분은 죄인이 되셨습니다.

우리가 영원히 살 수 있도록 그분은 죽으셨습니다.

사랑의 하나님, 당신은 우리가 이웃과 사랑을 나누는 삶을 살기를 원하십니다. 당신은 십자가를 통해 우리의 막힌 담을 허물어 주셨습니다. 하나님과 이웃과 그리고 자신과 화해하는 법을 가르쳐 주셨습니다. 이웃을 사랑하는데 있어 우리를 어렵게 만드는 모든 것에서 우릴 지키소서. 상대방의 감정을 전혀 생각하지 않거나 마음을 상할 수 있음을 기억하여 생각없이 함부로 말하지 않도록 우릴 도우소서. 인내하지 못하며 성을 잘 내고 그리고 남의 결점만 바라보는 우리 눈과 입술을 지켜 주소서. 생각없이 내뱉는 비판이 남을 죽일 수 있음을 깨닫는 지혜를 주소서. 변명하고 책임을 전가하는데 급급한 우리로 하여금 진정한 용기를 갖게 하소서. 상대방의 말을 귀담아 듣고 상대방을 배려하며 말하게 하소서. 우리가 고집불통이거나 완고하지 않도록 지켜 주시옵고, 자기 주장만 내세우며 다른 것을 볼 줄 모르는 이기심과 무례함을 없애 주소서. 오늘 하루가 주님 은총의 길에 머물러 주님을 찬양하는 일로 가득하도록 우리를 이끌어 주옵소서. 아멘.

하나님 안에 거하라

당신의 지혜를 버리고

당신의 옷을 찢으며

당신의 신을 벗고 하나님께로 나아오라.

당신의 이론을 버리고 당신을 낮추며 하나님께 속하여라.

당신은 성령의 지혜를 가지고

주님의 흰 옷을 입으며

복음의 신을 신고서 하나님의 종이 되라.

당신을 부인하고 당신의 허물을 고백하는 것이

당신을 가리는 것이 되나니

당신은 하나님께 거하라.

하나님은 당신의 안식처 되시리라.

지혜와 생명이신 아버지 하나님, 우리는 너무나 자주 혼란에 빠지오며 한 치 앞을 바라보지 못하옵니다. 우리 자신의 이기적인 욕망과 어리석음 때문에, 우리가 바라는 것이 종종 우리에게 선익이 되지 못합니다. 이럴 때이면 우리는 마치 주님 잘못인 듯 여기고 당신께 투정을 부리며 당신의 빛 밝음을 마다하고 어두운 암흑을 거닐고 맙니다. 지혜이신 주님, 설령 우리가 방황할지라도 당신이 우리 곁에 계실 줄 아오니, 너무 오랜 시간을 방황하지 않도록 이끌어 주옵소서. 주님은 온유하시오니, 어리석은 우리의 행동을 일깨우소서. 창조주이신 아버지, 아버지께서는 만드신 만물을 늘 사랑하시고 보살피시는 줄 아오니, 절망하는 우리를 일으켜 세우소서. 우리는 아둔하오니, 당신의 뜻을 올바르게 알고 소망하게 하소서. 우리의 부질없는 짓들을 참아 주시옵고, 당신 빛으로 비추어 주소서. 그러하오면 당신의 길을 훤히 보고 겸손하게 걷겠나이다. 아멘.

하나님을 향하여만

하나님을 향하여만 나의 찬양이 있습니다.

하나님을 향하여만 나의 기도가 있습니다.

하나님을 향하여만 내 마음의 소원이 있습니다.

하나님으로만 나의 망가진 모든 부분이 재생됩니다.

하나님께서만 버려진 모든 것들의

새로운 찾음이 있습니다.

크신 능력의 힘이시여

다시 일으키시는 창조의 힘이시여,

번성케 하시는 역사의 힘이시여,

당신으로만 강하게 되기를 원합니다.

당신으로만 충만케 되기를 원합니다.

당신으로만 영원하기를 원합니다

수요일의 기도

주님, 우리로 하여금 주님을 닮고 배우게 하소서.

우리를 영원한 것의 친구이도록 하소서.

좋은 것만 사랑하고 추구해 갈 수 있도록 해주소서.

모든 사람들의 행복을 기원하고 아무도 시기하지 않도록 하소서.

내게 나쁜 짓을 한 사람의 불행을 보고 기뻐하지 않도록 하소서.

내가 말을 잘못하거나 행동을 잘못했을 때나

자신을 꾸짖는 사람이 되게 하소서.

내 상대를 해치는 그런 승리는 이루지 않도록 하소서.

도움을 필요로 하는 사람들이나 친구들을 위해 힘이 닿는 데까지

도움을 주도록 노력할 수 있게 해주소서.

슬픔에 잠긴 사람들을 찾아볼 때는 그들의 고통을 덜어 주도록

부드럽고 위로하는 말을 전해 줄 수 있게 하소서.

상황 때문에 다른 사람에게 화를 내지 않고

늘 부드러움을 지닐 수 있게 해주소서.

누가 나쁜 사람이고 그가 어떤 나쁜 짓을 했는가에 대해 떠들지 않고

선한 사람을 알고 그의 발자국을 따라 살 수 있도록 해주소서.

주여, 나를 당신 평화의 도구가 되게 하소서.

미움이 있는 곳에 사랑을,

다툼이 있는 곳에 용서를,

분열이 있는 곳에 일치를,

오류가 있는 곳에 진리를,

의혹이 있는 곳에 믿음을,

절망이 있는 곳에 희망을,

어둠이 있는 곳에 광명을,

슬픔이 있는 곳에 기쁨을 심게 하소서.

주여, 위로를 구하기 보다는 위로하고,

이해를 구하기 보다는 이해하며,

사랑을 구하기 보다는 사랑하게 해 주소서.

자기를 줌으로써 받고, 자기를 잊음으로써 찾으며,

용서함으로써 용서받고,

죽음으로써 영생으로 부활하리이다. 아멘

보다 넘치는 성스러움을

보다 넘치는 성스러움을 나에게

보다 넉넉한 열심을

고통 중에 더욱 강한 인내를

죄에 대한 보다 짙은 슬픔을

구세주에 대한 더욱 깊은 믿음을

당신의 보살핌에 대한 보다 큰 확신을

당신을 위한 사역의 보다 큰 기쁨을

기도함에 있어 보다 큰 목적을 내게 주소서.

더욱 깊이 감사하는 마음을 나에게

주님께 대한 보다 깊은 믿음을

당신의 영광에 대한 더욱 큰 자부심을

당신의 말씀에서 보다 큰 희망을

당신의 슬픔에 대한 더욱 많은 눈물을

당신의 비탄에서 보다 많은 고통을

시험에서 더욱 크신 긍휼을

구원을 위한 보다 넉넉한 찬양을 주소서.

더욱 순전함을 나에게

극복할 수 있는 보다 큰 힘을

세상사로부터 더욱 많은 자유를

본향에 대한 보다 깊은 소망을

천국을 위한 더욱 많은 준비를

당신께 더욱 쓰임받고자 함을

더욱 많은 축복과 성스러움을

내게 주소서.

그리하여 당신께로 더욱 가까이 나아가게 하소서.

　아버지 하나님, 저는 오늘 여러 종류의 사람을 만날 것입니다. 그들 모두에게 도움이 되는 사람이 되게 하소서. 슬퍼하는 사람을 만나면, 나를 도우시어 위로하게 하소서. 혹시 동정적인 말 한 마디나 따뜻한 마음으로 손을 잡아 줄 수 있게 하옵소서. 절망한 사람을 만나면, 나를 도우시어 격려하게 하시고, 나를 통하여 절망을 딛고 일어설 수 있게 하소서. 유혹에 넘어진 사람을 만나면, 부드러운 말로 권유하고 올바른 모범을 보임으로써 유혹에 항거하게 하소서. 근심 걱정에 찌든 사람을 만나면, 나를 도우시어 모든 불안을 당신께 맡겨 드려 맑은 얼굴로 웃게 하소서. 일에 지친 사람을 만나면, 손을 내밀어 그의 짐을 들어주게 하소서. 무엇으로도 만족하지 못하며 불평 불만으로 가득 찬 사람을 만나면, 나를 도우시어 일이 나쁜 것이 아니라 사람의 생각이 비뚤어졌음을 깨닫게 해주소서. 행복에 겨운 사람을 만나면, 그들의 기쁨에 동참하게 하소서. 그들을 시기하지 않게 하옵소서. 오늘 만나는 모든 이들의 생각과 마음에 드는 사람이 되어 가는 곳마다 기쁨과 행복의 사도가 되게 하소서. 아멘.

예수를 생각하고

예수를 생각하고 나는
나의 가난함도 슬프지 않고
남의 부유함도 부럽지 않나니
예수를 생각하고 나는
오직 감사한 마음이 넘칠 따름이라.

예수를 생각하고 나는
몸의 환난도 괴롭지 않고
그 행복도 사모하지 않나니
예수를 생각하고 나는
오직 평강과 만족만 있을 따름이라.

예수를 생각하고 나는
일의 실패에 실망하지 않고
그 성공에 뛰며 기뻐하지 않나니
예수를 생각하고 나는
영원한 승리자이기 때문이라.

 ## 금요일의 기도

섬김을 받으려고 오지 않고 섬기려 오신 주님,

나의 모든 길을 주님께 맡깁니다.

나의 영혼을 주님께 바치고 주님께 봉사하기 위하여

나의 온 생애를 바칩니다.

나에게 주신 이 하루가 사랑과 섬김, 순종의 날이 되게 하시고

기쁨과 평강의 날이 되게 하옵소서.

나의 모든 발걸음과 나의 모든 말들이

그리스도의 복음에 합당하게 하소서.

예수 그리스도의 이름으로 기도합니다. 아멘.

그분

한때는 축복만을 원했습니다.

이제는 주님을 원합니다.

한때는 막연한 감성이었습니다.

이제는 확실한 말씀입니다.

한때는 그분의 선물만을 원했습니다.

이제는 주님 자신을 원합니다.

한때는 신유의 은총만을 구했습니다.

이제는 주님의 능력을 구합니다.

한때는 고통과 수고로 느껴졌던 것들이

이제는 충만한 믿음 속의 감사입니다.

한때는 구원의 확신이 없었으나

이세는 구원의 확신과 기쁨을 누립니다.

한때는 초조하게 매어 달렸으나

이제는 주님이 나를 붙들어 주십니다.

한때는 표류하는 인생이었으나

이제는 나의 닻을 당신의 사랑에 내렸습니다.

한때는 성급히 계획을 세웠으나

이제는 기도를 앞장 세우게 되었습니다.

한때는 불안과 근심이 있었으나
이제는 주께서 걱정과 근심을 받으셨습니다.
한때는 내가 원했던 것이 있었으나
이제는 주께서 나에게 원하십니다.
한때는 끊임없이 요구했으나
이제는 끊이지 않는 찬양이 있습니다.

한때는 모든 것이 나의 일이었으나
이제는 모든 것이 주님의 일이 되었습니다.
한때는 내가 주님을 사용했으나
이제는 그분께서 나를 사용하십니다.
한때는 내가 권력을 원했으나
이제는 전능하신 당신을 원합니다.
한때는 나 자신만을 위해 일했으나
이제는 그분만을 위해 일합니다.
한때는 내 어린 양들이 죽어가고 있었으나
이제는 밝게 생명으로 빛나고 있습니다.
한때는 나도 죽음을 기다렸으나
이제는 그분 오심을 기다립니다.
그리고 내 희망들은 당신안에

튼튼하게 뿌리를 내렸습니다.
무엇보다도 먼저 영원토록
내가 당신을 찬양합니다.
모든 것이 예수님 속에 있으며
모든 것에 예수님은 계시나이다.

토요일의 기도

　우리에게 생명을 선물로 주시는 창조주이시며 우리 아버지이신 하나님, 오늘도 새로운 삶임을 깨닫도록 복 주시옵소서. 우리가 해야 할 일을 성실히 함으로 나날이 새 날임을 알게 하소서. 우리에게 일을 주신 당신께 감사하게 하시고, 일할 능력과 건강을 허락하소서. 나에게 기술을 가르치시고 머리로 숙고하게 하시며 인내로 완성하게 하여 가정을 안락하게 하소서. 주님이 우리에게 주신 친구들과 즐거운 삶을 나누게 하시어, 우리를 만나는 사람에게 일하는 즐거움과 보람을 안겨주게 하소서. 하나님 아버지, 우리는 주님과 함께 하루를 시작하고 마감하며 날이 저물어 어둠이 깔릴 때에는 당신의 보호에 감사하고, 하루를 반성하게 하소서. 그리하여 기쁜 마음으로 잠자리에 들어 꿈에서도 당신을 만나게 해주소서. 아멘.

태초에 하나님이 사랑하셨다

나를 버리는 일이 없는 '사랑' 이여
내 지친 영혼을 당신의 품에 쉬게 하소서.
당신께서 주신 나의 생을 당신께 도로 바치나이다.
바다 같은 그 깊음 속에서
내 생이 보다 풍요로워지기 위해서입니다.

나의 길을 비추는 '빛' 이여
꺼진 내 등불을 당신께 바치나이다.
내 마음은 당신으로부터 다시금 빛을 받아
그 찬란한 빛에 의하여 더욱 밝고 아름다워지기 위해서입니다.

아픔을 통해 나를 찾으시는 '기쁨' 이여
당신을 향해 나는 마음을 닫을 수가 없나이다.
비 온 뒤 무지개를 보며 주신 약속을 되새기고
부활의 아침에는 눈물이 없다는 사실을 느끼고 있는 것입니다.

숙여진 내 머리를 쳐들게 하는 '십자가' 여
어이 당신에게서 도망할 수 있겠나이까.
이 세상의 영에는 티끌과도 같습니다.
그리고 대지로부터 영원히 다함이 없는 '생명' 이 꽃 피는 것입니다.

5. 고난과 부활의 증인으로 신앙고백하기

가족 모두 모여 찬송가 136장을 부른다. 그리고 한 사람씩 돌아가면서 예수님의 십자가와 부활의 증인이 되어 본다.

찬송 1 : 거기 너 있었는가

거기 너 있었는가 그때에 주가 그 십자가에 달릴 때 오-
때로 그 일로 나는 떨려 떨려 떨려
거기 너 있었는가 그때에

응답 : 구레네 시몬의 고백

네, 내가 거기 있었습니다. 나는 아프리카의 작은 촌 구레네라는 마을에서 오랫만에 예루살렘으로 온 시몬이라는 청년입니다.

유월절을 지키려는 참이었어요. 그런데 유월절 축제 분위기와는 전혀 다른 흥분에 예루살렘 거리는 들떠 술렁거렸어요. 그때 왠 사람들이 몰려 성문 밖으로 나가는 것을 보고 궁금해서 나도 따라갔지요. 그곳엔 세 사람의 죄수가 십자가 형틀을 지고 골고다로 올라가더군요. 그런데 한 죄수가 십자가를 지고 가다 쓰러지는 것을 내가 보았습니다. 그런데 그의 모습을 보는 순간, 왜 저렇게 온유하게 생긴 분이 흉한 십자가를 져야 하는지 이해가 가지 않았습니다.

아무래도 무언가 잘못된 일이라 생각되었어요, 내가 대신 십자가를 질까? 어느덧 내 눈엔 이슬이 고였습니다. 그때 로마 병정 한 사람이 나를 끌어내어 그분의 십자가를 대신 지게 했습니다. 처음엔 당황했지만 시골뜨기인 난 힘이 센 놈이기에 차라리 잘 되었다 하고 별말 없이 십자가를 지고 갔습니다. 골고다 언덕은 이름 그대로 기분 나쁜 곳이었습니다. 언덕 위에 죄수를 못박는 망치 소리가 울려 퍼질 때 나는 전율을 느꼈습니다.

“이것은 무엇인가 잘못되었다.” 성전에서는 그렇게 위엄 있고 거룩해 보이던 제사장들이 야비한 몸짓으로 무어라고 소리치고 있었습니다. 어쩌면 그 얼굴이 그렇게 험악할 수 있을까?

나는 그날 이후 다시는 성전을 찾아가지 않기로 했습니다. 아, 지금도 그때 일을 생각하면 나는 떨려 옵니다.

찬송 2 : 거기 너 있었는가 그 때에

거기 너 있었는가 그때에 주가 그 나무 위에 달릴 때 오 –
때로 이 일로 나는 떨려 떨려 떨려
거기 너 있었는가 그 때에

응답 : 바라바의 고백

네, 내가 거기 있었습니다. 나는 그분께서 고난 당하는 것을 보았습니다.

나는 어둡고 습기찬 감방에서 쇠사슬에 묶여 죽을 날만 기다린 바라바란 놈입니다.

뜻밖에 풀려 나와 눈부신 태양을 보던 날, 나는 내 대신 죽는 사람이 있는 걸 알게 되었습니다. 난 처음 어떤 어리석은 자가 나 대신 죽는가 보고 싶어 골고다의 언덕에 올랐습니다. 뜨겁게 내려 찌는 햇볕 아래 세 개의 십자가가 우뚝 서 있었습니다.

옆에 달린 두 사람은 나처럼 험악한 인상이어서 그 십자가형이 어울렸지만 가운데 달리신 분은 달랐습니다.

분명히 십자가를 지실 분이 아니었습니다. 사람들은 그분을 하나님의 아들이라고 부르더군요. 그런데 놀랍게도 그가 나를 대신해서 달렸다는 것입니다. 가시관을 쓴 이마와 못박힌 손에서는 장미보다 진한 붉은 피가 떨어지고 있었습니다. 왜 저런 분이 나를 대신해서 죽지 않으면 안될까? 나는 그때 그 의미를 몰랐습니다. 그저 막연한 고마움과 미안한 마음이 있을 뿐이었습니다.

얼마 후 나는 나의 이름의 뜻이 '아버지의 아들'이라는 상징적인 이름임을 알았습니다. 이 세상에 아버지의 아들이 아닌 사람이 없기 때문에 그분은 분명 온 인류를 위해 돌아가신 것입니다.

그때, 나는 그것도 모른 채 바보처럼 그곳에 서 있었습니다. 지금도 그 일을 생각하면 나는 떨립니다.

응답 : 백부장의 고백

네, 내가 거기 있었습니다.

나는 그분이 나무에 달릴 때, 태양이 그 밝은 빛을 잃을 때, 거기 있었습니다. 나는 그분에게 십자가를 지우고 그분이 비틀거려 넘어질 때마다 채찍을 가하게 했고, 그분을 십자가에 못박도록 부하에게 명령을 했습니다. 그분의 피가 떨어져 땅을 적시는 때도, 그 곁에서 그분의 옷을 가지려고 제비뽑는 부하들을 지켜보던 백부장이었습니다. "아버지, 저들을 용서하여 주옵소서." 십자가에 달리신 그분이 드리는 기도를 듣고도 나는 무감각했습니다.

"엘리 엘리 라마 사박다니", 심장 저 깊은 곳에 애끓는 그 소리를 듣고도 나는 "어서 일을 마치고 집에 가야지!" 하는 생각만 했습니다.

그러나 갑자기 작열하던 태양이 그 빛을 잃고 그 동산에 소요가 일던 때에, 나는 그 분의 "다 이루었다."는 음성을 듣고서야 비로소 그분이 사무적으로 처리해 버릴 그런 죄인이 아니었음을 깨달았습니다. 순간 나도 모르게 두 무릎을 꿇고 이렇게 고백했습니다. "참으로 이 사람은 하나님의 아들이었구나." 태양이 빛을 잃고 어둠이 뒤덮던 날 나는 가장 무지한 자가 되어 그분의 고난을 지켜보았습니다. 지금도 그때 일을 생각하면 나는 떨립니다.

찬송 4 : 거기 너 있었는가 그 때에

거기 너 있었는가 그때에 주를 그 무덤 속에 뉘일 때 오 –
때로 이 일로 나는 떨려 떨려 떨려

거기 너 있었는가 그 때에

응답 : 아리마대 요셉의 고백

네, 내가 거기 있었습니다.

그분을 무덤 안에 장사지낼 때 나는 그 곁에 있던 아리마대 요셉입니다. 그분을 오래 전부터 존경해 왔으면서도 그분을 위해 변호하지 못하고 비겁하게 몸을 도사렸던 자입니다. 나는 너무 죄스러워 마지막 죽으신 시체라도 모시고 싶었습니다. 용기를 내어 빌라도에게 그분의 시신을 인계하라고 요구했고, 그분을 내가 들어가려던 새 무덤에 모셨습니다.

나는 그때 슬픔에 잠겨, 그 광경을 묵묵히 지켜보면서 나의 마지막 희망도 함께 그곳에 묻어버린다고 느꼈습니다. 나는 하나님의 나라가 그분을 통해 이루어질 것을 기대하고 확신했는데, 그분은 너무도 허무하게 너무도 무력하게 돌아가신 것입니다. 그분이 하나님의 아들이기엔 너무 인간적이었고, 너무 약했고, 너무 비참했습니다. 그분의 시체가 안치되고 무덤 문이 굳게 돌로 봉인될 때 모든 것이 끝난 것 같았습니다. 내가 무덤을 뒤로 하고 무거운 심정으로 돌아갈 때는 다시 이곳을 의혹과 벅찬 기쁨 속에 뛰어와 빈 무덤을 들여다 볼 줄은 꿈에노 몰랐습니다.

나는 의회원이라는 체면 때문에 날치기 재판이 진행되던 가야바의 집에서 그리고 십자가에 못박으라고 아우성치던 빌라도의 법정에서 그분을 변호하지 못한 채 주저주저 했던 일을 생각하면 지금도 부끄럽고 떨립니다.

찬송 : (후렴만 부른다)

오 — 때로 이 일로 나는 떨려 떨려 떨려
거기 너 있었는가 그때에

찬송 5 : 거기 너 있었는가 그때에

> 거기 너 있었는가 그때에 주가 그 무덤 속에 나올 때 오-
> 때로 이 일로 외쳐 영광 영광 영광
> 거기 너 있었는가 그 때에

응답 : 무덤지기의 고백

그날 영광스러운 부활의 아침에 내가 거기 있었습니다. 나는 밤하늘 별이 초롱초롱 빛나던 밤, 별똥이 떨어지는 것을 보며 무덤을 지키던 보초병입니다.

무덤 문을 굳게 봉하고도 의심스러워 그 무덤을 지키게 했던 제사장들을 원망하며 나는 그 밤이 빨리 밝기를 기다리고 있었습니다. 모닥불도 타다 지친 듯 숯덩이 몇 개만 남은 새벽녘 우리는 피로에 지쳐서 어렴풋한 잠에 빠져 있었습니다. 바로 그때였습니다. 굳게 봉했던 무덤 문이 열리고 찬란한 광채가 무덤 속에서 쏟아져 나왔습니다. 그 너무도 급작스러운 사태에 우리는 정신을 잃었습니다.

정신이 들어 일어났을 때에는 이미 그 무덤이 비어 있었습니다. 너무도 두려워 우리는 그 길로 달려가 사실을 그대로 보고하였습니다. 당황한 제사장들과 장로들은 우리에게 돈을 듬뿍 안겨주면서 거짓 소문을 퍼뜨리라고 하였습니다. 예수의 제자들이 그의 시체를 훔쳐갔다고 하라는 것이었습니다. 우리는 시키는 대로 했습니다. 그러나 나는 양심의 가책을 늙어 죽을 때까지 받으면서 살아야만 했습니다. 누구보다도 먼저 그분이 다시 사셨다고 외쳐야 할 내가 그 하찮은 돈 때문에 거짓말을 하다니 ….

나는 그 무덤 가에서 예수가 부활한 사실을 똑똑히 보고도 그 영광을 외치지 못한 비겁자였습니다. 나는 지금 무덤 속에서라도 그 부활하시던 때의 영광을 큰 소리로 외치고 싶습니다.

응답 : 마리아의 고백

그날 영광스러운 부활의 아침에 내가 거기에 있었습니다. 주님이 십자가에서 고난을 당할 때 그 십자가 밑에서 울기만 하던 내가 그날 새벽 주님의 무덤을 찾아갔습니다. 그런데 무덤을 막은 돌은 옮겨져 있었고 주님의 시체는 보이지 않았습니다. 나는 무덤 밖에서 슬퍼 울었습니다.

그때 누군가 나에게 말했습니다. "여인아, 어찌하여 울고 있느냐?" 나는 그 사람이 동산지기인 줄 알고 "당신이 그분을 옮겨갔거든 어디 두셨는지 알려 주셔요. 내가 그분을 모셔가겠습니다."라고 말하였습니다. 나는 그때까지도 주님이 십자가에 달리시기 전에 사흘만에 다시 살아난다고 하셨건만 주님을 믿고 따른다던 나는 그 말을 믿을 수가 없었습니다. 다만 주님이 돌아가셨다는 사실, 시체가 없어졌다는 사실에만 슬퍼할 뿐이었습니다. 내가 그토록 신앙이 없었다니요.

그때 주님이 말씀하셨습니다. "마리아야!" 나는 너무 놀라서 "선생님!" 하고 소리치며 주님께 달려갔습니다. 그런데 주님께서는 나를 만지지 말라고 하셨습니다. 주님이 나에게 만지지 말라고 하셨을 때 나는 무척 당황했습니다. 처음에는 내가 믿음이 없기에 나를 책망하시는 줄 알았습니다. 그러나 제자들에게 갈릴리로 가서 주님을 만나라고 전하라는 말을 들었을 때, 아! 그때 나는 주님이 만지지 말라고 하신 이유를 깨달았습니다. 이제는 성숙해져서 스스로 서는 자가 되어 부활의 기쁜 소식을 전하는 자가 되라는 것이었습니다.

나는 주님의 뜻대로 부활을 알리는 맨 처음 증인이 되었습니다. 나 같은 여인을 들어 부활의 증인으로 삼으시다니요!

부활의 기쁜 소식은 내 삶의 원동력이 되었습니다. 주님이 승천하신 후 나는 주님의 교회를 위해 일하는 제자가 되었습니다. 그때 내가 부활하신 주님을 만나지 못했다면 나는 지금 어디서 무얼 하고 있을까요? 그때 일을 생각하면 지금도 나는 떨립니다. 주님은

나의 그리스도, 나는 주님의 것, 이 생명 다하는 날까지 부활을 찬
양하게 하소서.
  저로 하여금 평생 부활의 증인이 되어 살게 하소서.

5장

가족 관계의 치유와 영적 성장을 위한 훈련

1. 가족 관계 및 사랑 점검하기

 가족 사랑 테스트

숫사의 표시는 다음과 같다. 해당하는 숫자에 V표를 하시오.

5 - 늘, 4 - 보통, 3 - 때때로, 2 - 아주 간혹, 1 - 전혀 그렇지 않다

① **이해** : 나는 늘 가족의 입장에 서서 가족의 마음 속에 생기는 감정을 느껴 보고, 들어보고, 사물을 보려고 애쓴다. 가족들의 유익에 관심을 둔다.

5 ———— 4 ———— 3 ———— 2 ———— 1

② **존경** : 나는 가족의 좋은 성품을 존중하고, 그(그녀)만이 독특

하게 지닌 점을 유지할 수 있도록 돕는다.

5   4   3   2   1

③ **용납** : 나는 가족의 오류나 실책에도 불구하고 가족의 긍정적인 장점이 우리의 관계를 개선시킬 수 있도록 노력한다.

5   4   3   2   1

④ **신뢰** : 나는 가족에게 충실하고, 신뢰할 만하게, 정직하고 책임감있게 행동하며, 속이거나 비난하지 않는다.

5   4   3   2   1

⑤ **마음을 터 놓음** : 나는 가족들 앞에서 행동이 자연스럽고, 부담없이 마음을 열어 놓고, 내 마음이 원하는 바를 나누고, 가족과 함께 있기를 바란다.

5   4   3   2   1

🌸 **나는 가족들에게 어떻게 하고 있는지 점검해 보기**

나는 가족 식구에게 오래 참는가?

친절한가?

투기하지 않는가?

자랑하지 않는가?

교만하지 않는가?

버릇없이 행동하지 않는가?

무례하지 않는가?

이기적이지 않은가?

성내지 않는가?

앙심을 품지 않는가?

참고 믿고 기다리는가?

좋은 일만 있기를 바라는가?

악한 것을 생각지 않는가?

진리(말씀)를 기뻐하는가?

 **나는 좋은 부모인가?**

① 나의 어린 시절을 기준으로 내 생각을 자녀에게 일방적으로 강요하고 있지는 않는가?

② 자녀의 등교시간이나 식사시간을 잔소리하는 시간으로 쓰고 있지는 않은가?

③ 나의 잘못을 인정하기 싫어서 자녀를 핑계삼은 적은 없는가?

④ 이미 저지른 잘못에 대해 자녀가 깨달았음에도 불구하고 두고 두고 되풀이해 야단친 적은 없는가?

⑤ 자녀에게 잘 대하고 못 대하는 것이 내 기분에 의해 좌우된 적은 없는가?

⑥ 자녀가 힘들어 할 때 잘잘못을 따지지 않고 조용히 격려해 주는가?

⑦ 자녀와 가장 친한 친구는 누구인지, 자녀가 좋아하는 사람은 누구인지 알고 있는가?

⑧ 자녀가 무엇을 잘하고, 무엇이 되고 싶어하는지를 알고 있는가?

⑨ 자녀가 이룬 것이 아무리 사소할지라도 진심으로 기뻐하고 칭찬해 주는가?

⑩ 자녀와 함께 즐겁게 노는 시간을 갖고 있는가?

🌸 가족 건강도 측정하기

(　　)안에 해당되는 숫자를 기입하시오.

1 : 거의, 전혀 2 : 드물게 3 : 때때로 4 : 자주 5 : 거의 항상

① 우리 가족은 서로 매우 친밀하다. (　　)

② 우리 가정에서는 자녀의 제안이 반영된다. (　　)

③ 우리 가족들은 가족 내 다른 가족 성원보다 가족이 아닌 다른 사람에게 더 친밀감을 느낀다. (　　)

④ 우리 가정에서는 부모의 훈육이 공평하다. (　　)

⑤ 우리 가족들은 집에서 마주치는 것을 싫어한다. (　　)

⑥ 우리 가정에서 자녀들은 자신의 훈육에 발언권을 가지고 있다. (　　)

⑦ 우리 가족들은 자신이 결정을 요하는 경우가 있을 때 다른 가족 구성원의 충고를 구한다. (　　)

⑧ 우리 가족들은 자신이 원하는 것을 이야기한다. (　　)

⑨ 우리 가족들은 서로의 친한 친구를 알고 있다. (　　)

⑩ 우리 가정에서는 어떤 한 사람만이 지도자 역할을 한다. (　　)

⑪ 우리 가족들은 어려울 때 서로 도와 준다. (　　)

⑫ 우리 가정에서는 규율을 변화시키기 어렵다. (　　)

⑬ 우리 가족들은 함께 해야 할 활동에는 가족 전원이 참석한다. (　　)

⑭ 우리 가정에서는 모든 가족이 자신의 의견을 발표하기가 편하다. (　　)

⑮ 우리 가족은 한 가족이 함께 할 수 있는 취미나 관심사를 쉽게 찾을 수 있다. (　　)

⑯ 우리 가정에서는 일단 과제가 주어지면 변화시키기가 불가능하다. (　　)

⑰ 우리 가족들은 매일 한 번 이상은 함께 식사를 한다. (   )

⑱ 우리 가족들은 가족 문제에 관하여 서로 상의하지 않는다.
(   )

⑲ 우리 가정에서는 모든 가족이 자기 생각대로 행동한다. (   )

⑳ 우리 가정에서는 각자가 해야할 일들이 확실하게 정해져 있다.
(   )

2. 가정의 사명 발견하기

 가정의 사명 선언문 및 행동 지침 작성하기

빛의 가정(Family of Light)으로서의 우리의 사명
"오직 나와 내 집은 여호와를 섬기겠노라"(수 24:15).

---

① 우리는 가정생활에서 주님을 영화롭게 하며 그분께 합당한 자리를 내어느리기로 결정한다(골 1:17-18).

② 우리는 가족 한 사람 한 사람을 하나님의 형상대로 지음받고 고유한 개인으로 존중하기로 결정한다(롬 12:1-10).

③ 우리는 가정생활에 우선권을 두고 가족 간의 친밀한 유대관계를 형성하기 위해 함께 시간을 보내는데 힘쓰기로 결정한다(말 4:6).

④ 우리는 가정에서 하나님을 경외하는 성경적인 의사 소통 방식을 따르기로 결정한다(엡 4:29; 골 4:6).

⑤ 우리는 갈등을 신속하게 해결하고 서로에게 무제한적인 용서

를 베풀기로 결정한다(마 5:21-26, 18:21-22; 엡 4:26).

⑥ 우리는 우리의 이웃과 국내, 열방의 잃어버린 가정과 도움을 필요로 하는 가정에게 나아가기로 결정한다(행 1:8).

⑦ 우리는 우리 가정을 향한 하나님의 목적과 사명을 발견해 가는 일에 힘쓰기로 결정한다(빌 3:12).

 **가족의 사명을 준수하기 위한 행동 강령 만들기**

① **웃음이 있는 가정을 만듭시다.**

가정에서 하루에 세 번씩만이라도 활기찬 웃음을 웃자. 처음에는 잘 안되지만 의식적으로라도 자꾸 노력하다 보면 어느 가정이든지 웃음이 있는 가정이 된다.

② **가족들이 함께 하는 즐거운 시간을 가집시다.**

일주일에 한 번씩이라도 가족 식구들이 모두 모여 아무런 부담 없는 즐거운 시간을 갖는다.

그리하면 자녀들은 부담 없이 부모님과 함께 하는 시간을 통해 자신의 고민과 갈등, 소외감 등을 해결해 나간다.

③ **가족들에게 사랑을 표현해 봅시다.**

하루에 세 번 이상 즐거운 눈맞춤, 두 번씩 안아주기, 한 번씩 긍정적인 말로 관심 나타내기 등을 실천한다.

사랑의 표현은 가족 사이의 친밀감과 활기찬 분위기를 만들어 준다.

④ **가족들과 정담을 나누는 대화의 시간을 가집시다.**

하루에 다른 가족 식구의 말을 세 가지 이상 들어주기, 다른 식구에게 먼저 말할 수 있는 기회주기, 다른 사람 입장에서 말하도록 노력하기, 같이 있는 시간이 없으면 메모나 편지나 전화를 이용해서라도 대화를 나눈다.

⑤ 가정에서 가족 전체 식구가 각자의 역할을 정합시다.

어려서부터 자녀에게도 다른 식구의 일 한 가지씩 돕기, 자기 방 청소 등의 일을 맡긴다. 가정에서부터 자기가 할 일을 하면 가족으로서의 책임감도 생기고 생활의 경험도 쌓게 된다.

⑥ 가정 식구들의 의견으로 가정의 규칙을 만듭시다.

가족들이 지켜야 할 규칙을 정해서 잘 지켜 나가면 자녀들에 대한 간섭이나 불필요한 참견이 저절로 줄어든다. 규칙을 정해서 실천하면 자기 행동에 책임을 지며 남의 탓을 하지 않게 되고 결과보다는 동기와 과정을 중요시하게 되고 말보다는 실천에 비중을 두는 자세가 된다.

⑦ 가정에서 식구들끼리 좋은 추억을 만듭시다.

가족들의 생일이나 결혼일, 입학, 졸업, 진학, 취직, 진급, 각종 잔치, 기념일을 모두 기억하고 서로 축하해 주며 선물을 나눈다.

⑧ 가족들의 인격을 서로서로 존중해 줍시다.

자녀는 부모가 자기를 인격적으로 대할 때 부모님을 존경한다. 가정생활, 사회생활 속에서 크고 작은 문제에 부딪쳤을 때 가족간에 서로 인격적으로 대하고 민주적인 방법으로 온 식구의 힘으로 문제 해결을 위해서 적극 노력한다.

⑨ 온 가족의 공농 목표를 가집시다.

가족이 함께 추진해 갈 공동 목표를 세운다. 가족간의 재능과 지혜가 모아지고 응집력을 높여 서로에 대한 이해의 폭을 넓힐 수 있다.

⑩ 다른 사람을 먼저 생각하고 배려하는 마음을 가집시다.

남의 입장에 서서 생각해 주고 자기가 하고 싶은 것이 있더라도 때때로 가족의 입장에서 생각해 보고 절약하고 절제하는 훈련을 기른다.

⑪ 내 가정을 활짝 열어 놓고 삽시다.

가족끼리 궁금한 것이 없고 비밀이 없으며 또 이웃과 자녀들의 친구가 놀러올 수 있도록 가정을 개방한다. 또 가끔 불우이웃을 방문해 어려운 사람과 함께 정을 나누며 더불어 사는 공동체 의식을 자녀들에게 길러주도록 한다.

⑫ 가정의 가훈과 전통을 만듭시다.

"오직 나와 내 가정은 하나님만 섬기겠노라." 하든지 '일을 사랑하는 마음', '가정을 사랑하는 마음', '나라를 사랑하는 마음' 등등 우리 가정만의 전통과 개성을 만들어 자녀들이 닮아가게 한다. 그리하여 자녀들에게 자신있게 물려줄 수 있는 인생의 지침, 전통, 특별한 교육 방침 등이 있다면 가족들 모두가 정신적으로 육체적으로 더욱 건강해질 것이다.

3. 가정 헌장문 작성하기

 건강한 가정을 위한 가정 헌장문

가정은 하나님께서 하나님의 영광을 위하여 살도록 가장 먼저 만드신 사회이며 모든 공동 생활의 기초이다. 그러나 최근 우리 사회는 산업화 과정을 거치면서 이혼률이 급격히 증가하고 부모의 권위가 상실되는 등 가정이 파괴, 해체되고 있으며 이는 많은 사회 문제의 원인이 되고 있다.

이에 우리는 힘을 모아 각자의 가정을 건강하게 만들며 나아가 다른 가정과 우리의 사회 문화 일반을 건전하게 만드는 '건강한 가정 만들기 운동'을 전개하고자 한다. 건강한 가정이 되기 위한 기본 조건은 다음과 같다. 첫째 남편과 아내는 서로 사랑하고 복종하며, 자녀들은 주안에서 부모에게 효도하고, 부모들은 하나님의 법과 사랑으로 자녀를 양육해야 함을 믿는다. 둘째, 교회는 가족 구성원간의 화합을 증진시키고, 화합된 가정은 교회를 거룩하게 세워가야 함을 믿는다. 셋째, 건강해진 가정은 그렇지 못한 가정과 사회 문화 환경을 건강하게 만드는 역할을 해야 한다.

🌸 **건강한 가정을 위해 우리들은 다음과 같이 실천할 것을 결의한다.**

① 가정은 남편과 아버지로서 가족을 올바르게 가르치고 돌보는 것이 건강한 가정을 만드는 관건임을 알고 이를 솔선 수범한다.

② 매일 한 번, 적어도 매주 한 번 가정 예배를 드림으로써 신앙의 기초를 튼튼히 한다.

③ 매월 한 번 이상 가족 회의를 하여 가족 각자의 생활에 관하여 듣고 서로를 위해 기도한다.

④ 가족 서로에 대해 존경과 사랑과 관심을 가지고 서로 섬기는 가족 문화를 만든다.

⑤ 자녀들에게 창조적인 비판력을 길러 주면서도, 부모에게 효도하고 그 권위를 존중하는 본을 보임으로써 자라나는 세대들이 권위에 대한 존중과 질서 의식을 갖도록 교육한다.

⑥ 부모는 혼인의 순결을 지키고 정직을 실천함으로써 이를 통해 자녀에게 인격 교육을 수행한다.

⑦ 가족이 함께 여가 시간을 갖고 특히 건전한 문화 행사, 방송 프로그램, 서적 등을 권장하고 불건전한 문화에 대해서는 그 시정을 권고하고 고발한다.

⑧ 검소와 절제를 실천함으로써 자신의 영혼을 깨끗이 지키고 환경을 보전할 뿐 아니라, 구제, 선교, 봉사 등에 자신의 재물을 선용하고 이를 통해 자녀에게 검소와 절제를 실천하도록 교육

한다.

⑨ 이웃에게 가정을 열어 놓되 특별히 장애인과 불우한 사람들에게 좋은 이웃이 되고 가족이 함께 사회복지기관을 방문하고 사회를 개선하기 위한 사회 운동에 동참한다.

⑩ 교육 제도가 가정과 자녀 교육에 막대한 영향을 미친다는 점을 공감하며 촌지, 고액 과외, 입시 위주의 교육 등의 잘못된 관행을 단호히 거부하고 개선하기 위해 노력한다.

우리는 가정을 통해 하나님의 영광을 드러내어야 함을 믿으며, 가족이기주의에 빠지지 않고 각 가정의 건강성을 바탕으로 교회와 사회 전반의 건강과 공동체성을 함양할 수 있도록 노력한다.

 ## 좋은 아버지가 되기 위한 비결

① 대화 소재를 만들어라.

거창한 나들이나 여행이 아니더라도 방 벽지를 같이 바르거나 친지댁에 찾아가는 등 사소한 일상의 일로도 아버지와 자녀가 이야기거리를 삼을 수 있다.

② 자녀에게 결정권을 많이 주라.

용돈을 어떻게 사용할 것인지 집안일은 어떻게 나누어 맡을지 스스로 결정하도록 하는 과정에 아버지의 경험을 이야기해 주면서 스스로 결정하도록 한다.

③ 자녀의 공책을 들여다 보라.

하루 10분의 시간을 내어 자녀들의 학교생활을 알 수 있는 방법을 자녀의 공책을 보는 것이다. 자녀에게 관심을 갖는 것은 그만큼 자녀와 가까워 질 수 있는 방법이다.

④ 자녀에게 편지를 써 보라.

자녀의 공책을 펴 본 후 메모에 한두 자 적어서 책갈피에 꽂아 두면 아버지의 깊은 사랑의 감정을 느끼게 될 것이다.

⑤ 비유를 써 보라.

자녀의 나쁜 습관을 고치기 위하여 정면에서 야단치지 말고 적절한 비유를 들어서 설명하면 어색하지 않게 자기의 잘못된 습관을 고치려 할 것이다.

⑥ 자녀와 함께 보내는 시간은 양보다 질이 중요하다.

자녀와 함께 시간을 가지는 경우 얼마나 오랫동안 같이 놀아 주었느냐가 아니라 얼마나 자녀에게 관심을 가지고 함께 하였느냐가 중요하다. 짧은 시간이라도 자녀와 같이 하면 좋은 시간으로 기억될 것이다.

⑦ 먹자–놀자판 문화를 버려라.

자녀와 함께하는 시간을 먹는 것이나 노는 것으로 보내는 경우가 대부분이다. 그런 것 보다도 문화생활을 함께 하면 더욱 좋은 관계가 될 것이다.

⑧ 자녀와 공동 경험을 쌓으라.

소위 세대차를 극복하는 길은 자녀와 함께 같은 경험을 나누는 일이다.

⑨ 가족 이기주의를 벗어나는 가장이 되라.

공동체 의식을 갖게 하고 지역사회를 위하여 일할 수 있는 사람을 만든다.

⑩ 자녀의 학교를 찾아가 보라.

담임교사도 만나 보고 학교의 일에도 관심을 가지면 교육 현실과 문제를 알고 대처하는 능력이 생길 것이다.

⑪ 자녀를 강하게 키워라.

⑫ 근로의 중요성을 알게 하라.

⑬ 청소년이 되기 전에 선도하라.

⑭ 정정 당당한 위엄을 보이라.

⑮ 때로는 회초리를 사용하라.

⑯ 늘 곁에서 그림자로 존재하라.

⑰ 성공 자체를 목표로 두지 않게 하라.

⑱ 소중한 물품을 자녀에게 관리하도록 맡겨라.

⑲ 자녀의 친구, 좋아하는 일, 싫어하는 일 등 사소한 것을 기억하라.

⑳ 주 1회는 자녀와 아버지 둘만의 특별한 시간을 만들어라.

('좋은아버지가되려는사람들의모임' 제공)

 좋은 아버지가 될 수 있는 방법

① 함께 여행하는 아버지가 되자. – 자녀와 좋은 관계를 만들기
   위해서는 좋은 추억이 있어야 한다. 특히 자녀와 갈등이 있을
   때는 여행, 등산, 요리, 운동 등을 같이 하면서 서로를 돌이켜
   볼 수 있는 기회를 만든다.

② 칭찬해 주는 아버지가 되자. – 자녀의 단점보다는 장점을 보
   자. 장점을 인정해 주고 격려해 준다면 단점은 언젠가는 없어
   질 것이다.

③ 가정의 따뜻함을 느끼게 하자. – 자녀 뿐만 아니라 가족 구성
   원 모두가 하루를 힘들게 보내고 돌아오거나 외출해서 돌아올
   때 반갑게 맞는다. 인사만 받는 아버지가 되지 말자.

④ 자녀와 함께 서점에 가 보자. – 자녀와 손잡고 서점에 가 본
   다. 자녀가 어떤 책을 좋아하는지, 어떤 성향인지 알아볼 수
   있다.

⑤ 자녀의 학교에 가 보자. – 한 학기에 한 번이라도 자녀가 공부
   하는 교실을 찾아가 선생님과 자녀에 대한 대화를 나누어 보

자.

⑥ 가족에게 편지를 써 보자. ― 가끔씩 자녀들에게 사랑의 편지를 써 보자. 백마디 말보다 한 줄의 글이 효과적일 때가 있다.

⑦ 부모님의 고향을 함께 찾아 보자. ― 효와 도덕은 지금까지 우리 사회를 지켜준 덕목, 자녀의 손을 잡고 멀리 계신 부모님을 찾아 뵙고 고향도 찾아가 보자.

⑧ 일주일 중 하루는 가족의 날로 정하자. 일주일에 한 번은 자녀들과 저녁식사를 포함한 시간을 갖는다. 자녀에 대한 이해의 폭을 넓히는 동시에 아버지를 이해시킬 수 있는 기회가 될 수 있다.

⑨ 아버지는 자녀가 성숙한 사람으로 자라는데 조력자임을 명심하자. 가능하면 간섭하지 말자. 작은 결정이라도 스스로 내리게 하고 결정한 이후에는 믿어 주자.

⑩ 아버지도 감정을 지닌 인간임을 보여 주자. ― 아버지는 강해야 한다는 강박 관념에 매이지 말자. 아버지도 슬플 때 울고 기쁠 때 웃을 수 있는 인간임을 보여 주자.

⑪ 교통신호를 지키는 아버지가 되자. ― 교통신호를 어기는 아버지, 불의와 타협하는 아버지의 모습을 보이기 보다는 조그마한 것이라도 원칙과 질서를 지키는 아비지의 모습을 보여 주자.

⑫ 약속을 지키는 아버지가 되자. ― 아버지 스스로 약속을 지키는 사람이 된다면 우리 자녀들은 저절로 약속이 지켜지는 사회에서 살게 된다.

❀ 좋은 아버지들의 비밀

① 자녀에게 헌신하라.

② 자녀에 대해 알라.

③ 일관성을 가지라.

④ 보호자와 공급자가 되라.

⑤ 아내를 사랑하라.

⑥ 적극적으로 들어주라.

⑦ 영적으로 구비시키라.

4. 사랑과 신뢰의 서약하기

① 나는 어떤 값을 지불하고라도 내 자녀에게 신실하겠다.

② 나는 나 자신의 명예에 앞서 내 자녀의 명예를 지키겠다.

③ 내 자녀의 행동이 아무리 절망적이어도 나는 그 곁에 있을 것
  이다.

④ 나는 내 자녀의 절망적인 행동을 다룰 긍정적인 방법을 끊임
  없이 찾아가겠다.

⑤ 나는 언제나 내 자녀에게 최선을 다할 것이다.

⑥ 나는 내 자녀가 내게 지우게 될 어떤 시련이나 부담도 인내로
  써 견뎌내겠다.

⑦ 나는 시련이 갈수록 심해지고 오래 지속되더라도 내 자녀와
  함께 이겨낼 것이다.

⑧ 언제나 내 자녀를 신임하고 믿어 주겠다.

⑨ 나는 내 자녀를 위해 항상 기도하겠다.

⑩ 나는 내 자녀에게 부모로서의 모범과 올바른 신앙을 보여 주
  겠다.

날　짜 : ＿＿＿＿＿＿＿＿＿＿

서명인 : ＿＿＿＿＿＿＿＿＿＿

5. 우리 가정의 행복찾기

① 남편의 좋은 점 5가지 적어보기.

② 아내의 좋은 점 5가지 적어보기.

③ 자녀의 좋은 점 5가지 적어보기.

④ 남편으로 인해 행복했던 일 적어보기.

⑤ 아내로 인해 행복했던 일 적어보기.

⑥ 자녀로 인해 행복했던 일 적어보기.

⑦ 부모로서 자녀에게 무관심했던 것 적어보기.

⑧ 가족들의 마음을 행복하게 해 줄 수 있는 일 적어보기.

⑨ 가정과 자녀의 미래에 대한 기도 제목을 2가지 만들고 깉이 기도하기

⑩ 우리 가정을 위한 경건 훈련의 계획 세우기(가정 예배, 아침·저녁기도, 축복기도, Q·T)

6장

가족을 위한 사랑의 실천과 대화 훈련

1. 성경적 사랑의 모습 배우기

🌸 **성경이 우리에게 가르쳐 주고 있는 참 사랑은 이런 것이다.**

① 사랑은 함께 있음으로써 친밀감을 느끼는 즐거운 경험이다. 참 사랑은 나누고 싶어하며, 함께하면 할수록 친밀감이 더해진다. 사랑은 마음을 드러내 보여도 거절당할 불안을 느끼지 않는다.

② 사랑은 상대방을 특별히 여겨 당신의 눈에 보기에 독특한, 다른 것과 바꿀 수 없는 상태로 올려 놓고 싶은 감정이다. 사랑은 육체적, 심리적 과실과 오류를 넘어 사랑하는 사람을 온전하게 하려는 의지다. 사랑하게 되면 사랑하는 사람은 아름답고 더 아름다워진다. 그런 이유로 참 사랑은 자라게 되어 있다.

③ 사랑은 상대방의 필요와 유익에 관심을 둔다. 사랑은 돌봄이

고 대가를 바라지 않고 주고 싶어하는 바람이다.

④ 사랑은 사랑하는 사람의 숨은 능력을 인정하는 것이다. 상대
방의 좋은 점을 경험해 가는 동안 그 장점이 당신을 완전하게
만들어 간다.

⑤ 사랑은 서로 좋아하고 부드럽게 대하는 감정이다. 참 사랑은
그리워하고, 좋아하고, 안아 주고 포용해 주기를 바라는 마음
이다.

⑥ 사랑은 당신의 편견(애호/싫어함)대로 이웃의 성격을 바꾸거나
왜곡하려 애쓰지 않으면서도 상대방을 알고 싶어하는 억누를
수 없는 충동이다. 사랑은 상대방의 진심과 진실에 기인한 의
사 소통이다. 그러므로 사랑은 사랑하는 사람을 아는 것이며
상대방이 자신을 개방하는 데 따라 서약을 온전히 준수하기로
결심하는 것이다.

⑦ 사랑은 사랑하는 사람의 필요를 만족시켜 주고 돌보는 데서 느
끼는 기쁨이다. 그러므로 사랑은 상대방의 유익을 구하게 된다.

⑧ 사랑은 사랑하는 사람을 늘 먼저 생각하는 것이다. 실생활에
있어 모든 행위와 결정에 사랑하는 사람을 제 1순위에 두는
것이다.

⑨ 사랑은 상대방의 장점을 발견히고 개빌시켜 주는 능력이다.
그러므로 참 사랑에는 상대방의 실수와 오류에 대해 상대방의
눈높이에서 보려는 인내가 필요하다.

⑩ 사랑은 두 사람이 모든 면에서 자발적으로 진심을 드러내어
가식이나 침묵, 위선 없이 서로의 생각을 나누는 것이다.

⑪ 사랑은 용서할 줄 아는 능력이다. 사랑은 과거의 잘못에도 불
구하고 그 잘못 때문에 사랑하는 사람을 비참하게 만들지 않
고, 조건없이 용납하여 과거의 잘못으로부터 해방시켜 주는 것
이다. 사랑은 화해할 줄 아는 힘이다. 사랑은 실망과 절망의 고
통을 알고 기다리며 봉사하는 능력이다.

⑫ 사랑은 사랑받는 것을 당연하게 여기지 않고 감사하며, 서로 상호간의 책임감과 상호 신뢰의 체험에 달려있다.
⑬ 사랑은 주고받는 물물 교환적 가치 이상의 것이다. 사랑은 비록 받는 사람이 자격이 없거나, 비록 되돌려 받지 못한다 해도 주고 싶어하는 은혜를 보이는 것이다.

🌸 사랑은 이렇게 하지 않는다.

① 자신과 타인을 학대하거나 하찮게 대하지 않는다.
② 다른 장단에 맞추어 행진하도록 강요하지 않는다.
③ 자신과 이웃을 비난하지 않으며, 화가 났다고 악담을 내뱉지 않는다.
④ 분노나 고함, 눈물로 자신과 이웃을 들볶지 않는다.
⑤ 승패가 달린 논쟁으로 자신과 이웃을 끌어들이지 않는다.
⑥ 이웃이 청하지도 않는 조언을 하려 들지 않는다.
⑦ 타인을 판단하거나 "당신 문제는 …" 어쩌고 하지 않는다.
⑧ 겸손의 미덕을 부린답시고 마냥 참아주지만은 않는다.
⑨ 타인을 의심하여 꼬치꼬치 확인하려 들지 않는다.
⑩ 항상 옳아야 한다거나 모든 답을 쥐고 있으려고 하지 않는다.
⑪ 토라지거나 말하기를 거부하지 않는다.
⑫ 자신이나 타인이 잘못되었다고 사법적으로 단죄하지 않는다.
⑬ 타인이 잘못했던 모든 것들을 모두다 기억하려 들지 않는다.
⑭ 사랑 그 자체를 추구하거나 주의를 구하지 않는다.
⑮ 자신의 위치를 인식하게 하려고 과시하지 않는다.
⑯ 자신에 대한 신뢰를 손상시키지 않는다.
⑰ 나의 목적을 위해 타인을 이용하고는 저버리지 않는다.
⑱ 쓰레기더미처럼 나의 감정을 타인에게 던져 버리지 않는다.
⑲ 자신의 사랑의 요구에 맞지 않게 행동했다는 이유로 타인을

무시하지 않는다.

그렇다면 어떻게 하는 것이 진정한 사랑을 보여 주는 방법일까?
여기 그 구체적인 사랑의 방법이 있다

🌸 사랑은 이렇게 한다.

① 이웃(친구, 동료, 가족)이 어디에 있든 이웃을 받아들인다.
② 자신과 이웃의 선함과 재능을 긍정한다.
③ 자신과 이웃을 좋아하며 무엇을 원하는지를 알고자 한다.
④ 당신이 할 수 있는 모든 것이 되도록 자신에게 도전한다.
⑤ 자신과 이웃의 존재가 어떤 의미인지 공감하고 안다.
⑥ 자신과 이웃을 신뢰하고 용기를 준다.
⑦ 이웃을 대하는 방식이 부드럽고 상냥하다.
⑧ 신의를 지킨다. - 타인의 비밀을 지켜 준다.
⑨ 친절하다. - 항상 이웃을 위하며 이웃 편이다.
⑩ 이웃과 더불어 이웃을 비웃는 일이 없이 많이 웃는다.
⑪ 자신과 이웃 안에 있는 선함을 찾고 발견한다.
⑫ 이웃이 당신임을 기쁘게 느끼도록 하다.
⑬ 이웃의 어리석은 허영이나 인간적 단점을 눈감아 준다.
⑭ 이웃의 필요와 성장을 위해 기도한다.
⑮ 다른 이들이 알아채지 못한 이웃 안의 좋은 점들을 본다.
⑯ 자기를 드러냄으로써 이웃과 더불어 사랑을 공유한다.
⑰ 이웃을 옹호할 누군가가 필요할 때 자신이 대변인이 된다.
⑱ 이웃과 맞서는 때일지라도 재치가 있다.
⑲ 사랑의 행동 자체를 위하여 책임을 진다.
⑳ 항상 이웃에게 솔직하게 진실을 말한다.
㉑ 이웃과 이웃의 욕구에 대하여 생각한다.

2. 사랑 실천하기

위에 소개한 사랑의 특성을 읽고 내가 가정에서 구체적으로 적용할 수 있는 사랑의 목록을 작성해 보시기 바랍니다.

 **사랑은 결심입니다.**

사랑은 결심입니다. 나는 어떤 사랑의 행동을 심고 있습니까? 그것은 바로 나 자신의 결심에 달려 있습니다. 무엇보다 시간을 내는 것이 필요합니다. 사랑이란 쌓아 올려지는 성벽과 같습니다.

일하기 위해 시간을 내라, 그것은 성공의 어머니다.

생각하기 위해 시간을 내라, 그것은 능력의 근원이다.

운동하기 위해 시간을 내라, 그것은 젊음을 유지하는 비결이다.

독서하기 위해 시간을 내라, 그것은 지혜의 원천이다.

친절하기 위해 시간을 내라, 그것은 행복으로 가는 길이다.

꿈을 꾸기 위해 시간을 내라, 그것은 대망을 품는 일이다.

사랑하고 사랑을 받는데 시간을 내라, 그것은 구원 받은 자의 특권이다.

주위를 살펴보는데 시간을 내라, 이기적으로 살기에는 너무 짧은 하루이다.

웃기 위해 시간을 내라, 그것은 영혼의 음악이다.

하나님을 위해 시간을 내라, 그것은 영혼의 음악이다.

- 아일랜드 민요시 -

사랑은 모든 것의 힘이 됩니다. 이제 가족 식구를 위해 사랑의 결심을 하십시다.

예) 가족 식구를 위해 (대화하는) 시간을 내리라 — 그것은 (막힌 담을 헐어주기 때문이다.) 가족 식구를 위해 (사랑을 표현해 주는) 시간을 내리라, 그것은 (생명을 나눠 주는 일이니까.)

아내(남편), 자녀를 위해 (　　　) 시간을 내리라, 그것은 (　　　)

아내(남편), 자녀를 위해 (　　　) 시간을 내리라, 그것은 (　　　)

아내(남편), 자녀를 위해 (　　　) 시간을 내리라, 그것은 (　　　)

아내(남편), 자녀를 위해 (　　　) 시간을 내리라, 그것은 (　　　)

아내(남편), 자녀를 위해 (　　　) 시간을 내리라, 그것은 (　　　)

아내(남편), 자녀를 위해 (　　　) 시간을 내리라, 그것은 (　　　)

아내(남편), 자녀를 위해 (　　　) 시간을 내리라, 그것은 (　　　)

아내(남편), 자녀를 위해 (　　　) 시간을 내리라, 그것은 (　　　)

아내(남편), 자녀를 위해 (　　　) 시간을 내리라, 그것은 (　　　)

아내(남편), 자녀를 위해 (　　　) 시간을 내리라, 그것은 (　　　)

3. 가족을 위한 사랑의 대화 연습하기

(1) 가족을 위한 사랑의 언어

① **인정하는 말** – 사랑이란 덕을 세우고 성숙하게 하는 것이다. 항상 격려의 말이 우리의 입에서 떠나지 않도록 가족을 격려하고 칭찬하자. 격려하는 데는 식구들의 마음에 공감하는 것과 식구들의 관점에서 세상을 보는 것이 필요하다. 온유하고 겸손하게 식구를 인정해 주고 식구를 긍정적으로 볼 때 그를 인정하게 된다.

② **함께 하는 시간** – 함께 시간을 보낸다는 것은 단순히 같이 있는 것이 아니라 연대감(Togetherness)을 말한다. 같이 하는 활동이 중요한 것이 아니라 상대방에게 온 관심을 집중시키며 시간을 보내는 것이다. 자신이나 가족들이 원하는 일을 하면서 대화를 많이 나눈다. 이때의 대화는 경험이나 사상이나 감정이나 바람을 아무런 해석을 가하지 않고 주고받는 것이다.

③ **선물** – 선물은 사랑을 나타내는 상징이다. 선물은 서로의 마음을 즐겁게 만든다. 선물은 크기와 색깔, 형태가 다양하다. 반드시 비싼 것이 아니라도 사랑의 마음을 전달해 줄 수 있는 것이라면 된다. 그러나 명심할 것은 가족에게 자신이 바로 선물이라는 것이다.

④ **봉사** – 봉사는 가족이 원하는 것을 해 주어 기쁘게 해 주는 것이다. 예수님은 제자들의 발을 씻기는 모범을 우리에게 보여 주었다. 봉사의 행위는 생각하고 계획을 세우고 시간을 내는 노력과 정력을 요구한다. 사랑은 행함이 있어야 한다. 봉사와 섬김이라는 사랑의 언어를 배우기 위해서는 고정된 남녀의 역할에서 벗어나야 한다.

⑤ **육체적인 접촉** – 신체적인 접촉은 사랑을 전달하는 매우 좋은 방법이다. 손을 잡아주거나 키스, 포옹, 쓰다듬어 주는 것 등은 가족으로 하여금 사랑을 흠뻑 느끼게 해준다.

내 혀에는 생명이 있습니다. 그래서 날마다 생명의 말, 건강한 말, 남을 살리는 격려의 말, 축복의 말, 창조적이고 생산적인 말을 언제나 하겠습니다.

"부주의한 말 한마디가 싸움의 불씨가 되고,
잔인한 말 한마디가 삶을 파괴한다.
쓰디쓴 말 한마디가 증오의 씨를 뿌리고
무례한 말 한마디가 사랑의 불을 끈다.
은혜스런 말 한마디가 길을 평탄케 하고
즐거운 말 한마디가 하루를 빛나게 한다.
때에 맞는 말 한마디가 긴장을 풀어 주고
사랑의 말 한마디가 축복을 준다."

(2) 영혼을 살리는 대화 훈련

"온량한 혀는 곧 생명나무라도 패려한 혀는 마음을 상하게 하느니라."는 잠언 15장 4절의 말씀과 같이 가정을 아름답게 이룩하기 위해 다음의 대화 훈련을 해 보라.

① "미안해요."

우리는 모두 약점과 실수를 가진 부족한 인간이다. 자기의 잘못을 알았을 때 용서를 구할 줄 아는 아량이 필요하나. "미안해요." 한 마디가 굳어진 분위기를 활싹 퍼지게 한다.

_______________________	해서 미안해요.
_______________________	해서 미안해요.
_______________________	해서 미안해요.
_______________________	해서 미안해요.

② "고마워요."

가족의 작은 정성에도 고마움을 표현할 수 있어야 한다. 가족의 성의에 당연시하고 고마워하기는 커녕 계속 요구만 하게 될 때 생활은 메마르게 된다. 서로 "고맙다."는 표현을 자주하게 될 때 그 가정은 따사롭고 풍성하게 될 것이다.

________________________ 해서 고마워요.

________________________ 해서 고마워요.

________________________ 해서 고마워요.

________________________ 해서 고마워요.

③ "사랑해요."

가장 아름답고 중요한 천국 방언이다. 가장 큰 기쁨을 가져다 주는 생의 윤활유가 되기도 한다.

________________________ 를 사랑해요.

________________________ 를 사랑해요.

________________________ 를 사랑해요.

________________________ 를 사랑해요.

④ "괜찮아요."

가족들의 본의 아닌 실수를 좀 허용하도록 하자. 가정에는 규율과 질서가 필요한 것은 사실이지만 엄격한 법을 정해 놓고 다그칠 때 가정은 쉴 수 있는 곳이 못된다. 상대방의 실수나 약점이 드러날 때 "괜찮아요." 하는 상냥한 말 한마디에 모두의 마음을 부드럽게 해 줄 것이다.

________________________ 괜찮아요.

________________________ 괜찮아요.

________________________ 괜찮아요.

________________________ 괜찮아요.

⑤ "잘했어요."

언제나 가족들의 행동이나 결정에 대해 칭찬을 아끼지 않는다. 칭찬은 사람을 단련해서 자신감을 길러주고 마음을 윤택하게 해 준다.

______________________________ 를 잘했어요.

______________________________ 를 잘했어요.

______________________________ 를 잘했어요.

______________________________ 를 잘했어요.

⑥ "훌륭해요."

가족들이 한 일을 칭찬할 뿐만 아니라 감탄하고 존경하는 표현이 필요하다. 자기를 신뢰하고 감탄하며 존경하는 사람이 있을 때 의욕이 생기고 보람을 느낀다.

______________________________ 해서 훌륭해요.

______________________________ 해서 훌륭해요

______________________________ 해서 훌륭해요

______________________________ 해서 훌륭해요

그 밖에 "좋아요." "기뻐요." "멋져요." "행복해요." "축하해요." 등 사랑이 깃든 따뜻한 말들을 자연스런 언어로 사용하는데 익숙하도록 훈련한다. 사랑의 언어를 표현하면 할수록 뜨거운 사랑의 감정이 따르게 되며 사랑의 언어는 가장 아름답고 귀한 천국 방언인 것을 확인하게 된다.

아래에 기록된 언어들을 진실하고 따뜻한 사랑의 마음을 가지고 표현해 봅시다.

① 그것은 참 훌륭하구나.　② 잘해 나가는 구나.

③ 멋진 일이야.　④ 그것 참 적절하구나.

⑤ 대단히 고맙다.　⑥ 그것 참 독특하구나.

⑦ 좋은 생각이야.　⑧ 계속해 봐.

⑨ 좋은 점을 생각했구나.　⑩ 정확하다.

⑪ 나는 그것을 좋아해.　⑫ 그게 훨씬 낫다.

⑬ 대단히 재미있구나.　⑭ 아주 깨끗하게 했구나.

⑮ 굉장한데.　⑯ 대성공이다.

⑰ 네가 옳아.　⑱ 잘 시작했구나.

⑲ 훌륭해.　⑳ 잘 해결했구나.

㉑ 사랑한다.　㉒ 늘 고마워.

㉓ 네게 용서를 구하고 싶구나.　㉔ 올바른 생각이다.

㉕ 네가 자랑스럽다.　㉖ 넌 정말 훌륭한 일을 했어.

㉗ 미안하구나.　㉘ 네가 최고야.

㉙ 감사합니다.　㉚ 하나님의 복이 네게 가득 넘치길.

7장

행복하고 건강한 가정 만들기 훈련

1. 행복하고 건강한 가정이란?

행복하고 건강한 가정은 다음과 같은 특성을 갖고 있다.

① 가족 구성원들이 모두 공통된 종교적 신념을 가지고 생활하는 가정

주 예수를 자기 가정의 주인으로 삼고 섬기는 가정은 가치관, 생활 태도, 삶의 목적 등에서 쉽게 공감대를 형성하고 상호간에 지지 그룹이 될 수 있다. 월터 설리반(Walter F. Sullivan) 추기경은 신앙에 대한 태도와 부부 관계의 질은 밀접한 상관이 있다고 주장하고 신앙생활을 통해서 부부는 사랑 가운데 성장하고 서로 지지해 주고 성숙한 인간이 되도록 협조할 수 있다고 진술한다. 하나님을 믿는 부부들은 일상생활을 통하여 사랑과 존경, 타인에 대한 따뜻한 마음, 지혜, 그리고 초월자에 대한 경외심을 자녀들에게 심어 준다. 오늘날과 같이 복잡한 세상에서 온 가족이 함께 기도하며 성경

말씀을 생활의 지침으로 삼는 가정은 그만큼 든든한 토대 위에 서 있는 가정이라고 할 수 있다.

② 가족 구성원들이 함께 대화하는 기회를 자주 가지고 자발적이고 진솔하게 대화하는 가정

건강한 가정의 구성원들은 부부간에 혹은 부모와 자녀 사이에 진솔한 대화를 자주 하는 것으로 나타났다. 진실하고 솔직한 대화를 할 수 있다는 것은 심리적으로 친밀하다는 것을 의미한다. 대화가 형식적이고 의례적인 차원에 머물러 있다면 그 가족 구성원들은 돈독한 관계를 유지하지 못한다는 뜻이다. 솔직한 생각과 감정을 자발적으로 표현할 수 있는 가정이라야 가족 구성원들의 유대가 공고해진다. 각 가정에서 텔레비전 보는 시간을 줄여야 한다. 가정 분위기가 허용적이고 수용적일 때, 개개인의 대화가 능동적이고 진실해진다. 대화를 통하여 늘 공감대를 형성하는 가정은 사회생활에서 생긴 좌절과 스트레스를 해소할 수 있고, 정서적으로 재충전할 수 있게 도와 준다.

③ 가족 구성원들이 서로를 신뢰하고 인정하고 지지해 주는 가정

건강한 가정의 힘의 원천은 가족 구성원들이 서로 사랑하고 서로 사랑한다는 말을 자주 해주는데 있다고 데이비스 메이스(Davis R. Mace)는 말한다. 그들은 서로 지지해 주고 존재 가치를 느끼게 해주며, 기회가 있을 때마다 애정을 가지고 말하고 행동한다. 따라서 그런 가정의 가족 구성원들은 소속감을 가지고 서로 강화시켜 주고 가족 관계에서 만족감을 얻는다. 가족 구성원들을 거의 무조건적으로 수용하고 지지하고 격려하는 것이 건강한 가정의 특징이다.

④ 가족 구성원들이 유머 센스를 가지고 생활하고 함께 어울려 즐거운 시간을 가질 줄 아는 가정

건강한 가정은 유머감각을 즐기고, 함께 즐거운 시간을 보낼 줄 안다. 그들은 돈을 소비하는 것이 즐거움이라고 생각하지 않는다. 온 가정이 모여 함께 노는 것을 소중히 여기고 여가를 선용할 수 있

다. 끊임없이 쫓기고 바쁜 생활과 지속되는 긴장감으로 말이 날카로워지고 오해와 갈등이 자주 생길 때 조심해야 한다.

⑤ 가족 구성원들에게 윤리와 도덕을 가르치고 실천하는 가정

건강한 가정은 옳은 일과 그른 일을 구분할 줄 알고 선한 뜻과 윤리적으로 타당한 수단을 통하여 인생의 목적을 성취하고자 한다. 부모는 중요한 가치관에서 서로 공감하고 자녀에게 납득할 만한 선악의 판단 기준을 제시할 수 있다. 부모들의 말과 행동이 일치하지 않으면 자녀들은 부모들의 위선적 태도에 실망하고 반발심과 적개심을 가지게 된다. 건강한 가정에서는 어른들이 도덕적인 삶을 살고 자녀들에게 행동으로 모범을 보이는 것이 특징이다.

⑥ 가족 구성원들이 서로 다른 점을 존중하고 개성을 인정해 주는 가정

타인에 대한 존중심은 가정에서부터 배워야 한다. 가정에서 남다른 개인으로 존중받고 자란 사람은 다른 사람을 존중할 줄 알게 된다. 건강한 가정은 가족 구성원들의 독특한 점을 인정해 주고 저마다 존재 가치가 있음을 알게 하며, 남다른 생각과 감정을 가질 수 있음을 인정하고 그것을 존중한다. 또한 구성원마다 자신의 문제에 관한 결단을 존중받고 그 결과에 대하여 책임지게 한다. 따라서 자주적이고 자율적일 수 있다. 건강한 가정은 가족 이외의 다른 사람에 대한 존중심도 모범을 보임으로써 가르쳐 준다.

⑦ 가족 구성원들이 농일한 전통과 풍습을 공유하고 긴밀한 유대감을 유지하는 가정

건강한 가정은 가족 구성원들에게 소속감을 느끼게 하고 그 가정의 독특한 정체감을 부여한다. 얼마나 소유하고 있는가 혹은 무엇을 하고 있는가에 관계없이 한가족이기 때문에 조건 없이 인정받고 지지 받는 곳이 가정이어서 가족 구성원들은 강한 소속감과 유대감을 갖게 한다. 그리고 집안의 역사나 전통을 공유하고 있어 공동체 의식이 강하다. 건강한 가정은 모든 가족 구성원들이 모이기에 힘쓴다. 집안의 결혼식, 생일, 장례 등 기회가 있을 때마다 함께

모여 경험을 공유하게 되어 소속감과 유대감이 강화된다. 이렇게 단합된 가족은 스트레스나 좌절을 훨씬 더 잘 극복할 수 있다. 왜냐하면 그들은 어려운 일에 직면했을 때마다 혼자가 아니라는 믿음이 있고 다른 가족들이 힘을 모아 지지하고 격려해 줄 것을 알기 때문에 용기를 잃지 않는다. 건강한 가정은 그 가정의 전통과 의식 혹은 약속을 기꺼이 준수한다.

⑧ 가족 구성원들에게 이웃과 인류에 대한 봉사의 중요성을 가르치고 실천하는 가정

건강한 가정은 도움이 필요한 사람들에게 구체적으로 도움을 줄 줄 안다. 일상생활에서 박애정신을 실천하며 살아간다. 경제적으로 꼭 여유가 있어서가 아니라 어려움을 겪는 사람들에게 쉽게 동일시할 수 있고 그들의 필요에 민감하게 반응할 수 있는 건전한 가정은 남들을 돕는 일에 가담하기 위하여 자원 봉사 단체 등에 가입하여 활동한다. 그러나 교회나 봉사 단체에 지나치게 몰입하여 가정을 희생시키는 일은 없다. 가정에서 소속감을 느끼지 못하는 사람이 가정 밖에서의 활동에 지나치게 열성적일 가능성이 있음을 상기해 볼 필요가 있다. 건강한 가정은 생활 스타일이 비교적 단순하다. 사회적 지위를 내보이기 위해서 지나친 행동을 하지 않아도 편안할 수 있으므로 시간과 열정을 남들에게 바칠 수 있다. 집단 이기주의에 빠진 사람들은 자기 가족 구성원들의 안녕과 복지에만 급급하기가 쉽다. 따라서 타인에게 관심을 가져 줄 여력이 없다.

⑨ 가족 구성원들이 저마다의 책임과 공동 책임을 자각하고 감당하는 가정

건강한 가정은 가족 구성원들이 집 안팎의 책임을 분담하고 그 책임을 완수했을 때 인정해 주고 칭찬해 줄 줄 안다. 책임을 완수했다는 느낌은 자부심을 갖게 하고 자신감을 키워 준다. 그래서 각 구성원들이 자기가 할 일은 감당하고 실패든 성공이든 그 결과에 대하여 스스로 책임을 느끼게 내버려 둔다. 건강한 가정의 부모들은 자신감이 있고 유능하다고 믿는 이들이고 그들은 그들의 자녀도 그렇게 되기를 기대한다. 그들은 자녀들의 능력을 믿고 스스로 해결해 나가도록 허락한다. 따라서 과잉보호나 지나친 간섭이 없어 자녀들은 자주 독립적이고 진취적이고 인내를 가지고 노력하는 책임감 있는 사람으로 성장한다. 건강한 가정의 가족 구성원들은 자기가 해야할 일을 책임감 있게 할 뿐만 아니라 다른 사람에 대한 관심도 크다. 자신이 무책임하게 행동하면 다른 사람들이 어떤 느낌을 갖게 될 것도 자각하며 산다. 가족 구성원 중에 한 사람이 실망하거나 좌절을 느끼면 그를 위로해 주고 격려해 줄 줄도 안다.

⑩ 가족 구성원들이 그들의 문제나 결점을 인정하고 필요하면 도움을 청할 만큼 개방적인 가정

문제없는 사람도 없고 문제없는 가정도 없다. 문제는 항상 발생하기 마련이다. 그러나 건강한 가정은 문제를 시인하고 그 문제의 성격을 잘 파악하고 있는데 비하여 불건전한 가정은 문제가 있음을 시인하지 못한다. 그런 가정에서는 문제가 생기면 부끄럽게 생각하고 숨기려 한다. 건강한 가정은 문제가 발생하면 그럴 수 있다는 듯이 인정하고 필요 이상으로 당황하지 않으며 해결해야 할 일로 받아들인다. 따라서 가족 구성원들이 함께 문제 해결 능력을 키워갈 기회로 삼는다. 결혼 초기의 문제는 부부가 함께 해결해야 할 과제를 빚었다고 생각하면 된다. 서로 신뢰하고 존중하는 부부는 서로를 지지하고 격려하여 마침내 문제를 해결하고 성취감과 자부심을 더해간다. 그와 같은 경험이 누적될 때 그 가정은 더욱 건강해진다.

2. 가족의 행복지수 및 건강지수 알아보기

'건강한 가정 진단지' 당신의 가정은 건강합니까?

(1) 의사 소통 − 개방성에 대한 질문

① 가족들은 직접적이고 공개적으로 대화하며 상대방에 대하여
  잘 듣고 이해합니까?
② 가족들은 서로의 느낌을 알고 부모와 자녀들이 서로의 정서적
  인 요구에 반응합니까?
③ 가족들이 중요한 결정을 할 때는 심각하게 발생되는 서로의
  관심을 다 같이 생각하고 결정합니까?
④ 가족들은 서로를 신뢰하고 있고 신뢰할 만하며 신뢰감이 파괴
  되었을 때도 치유될 수 있습니까?

(2) 긍정 − 감사에 대한 질문

⑤ 가족들은 서로에 대하여 감사하고 지원하고 서로의 행복을 증
  진시킵니까?
⑥ 가족들은 서로에게 애정을 표시하고 비이기적인 방법으로 친
  근감을 표시합니까?
⑦ 가족들은 유머감각이 있고 함께 놀기를 즐깁니까?
⑧ 가족들은 가족 역사(가족 전통, 가족 예식, 가족 모임 등 …)에 대
  한 그들의 이야기를 자주 즐깁니까?

(3) 함께하는 결속력에 대한 질문

⑨ 가족들은 늘 함께 한다는 느낌을 가지고 있으며 아주 상호적
   입니까?
⑩ 가족들과 함께 하는 시간이 많은 편이고 대화를 많이 하며 그
   들의 경험을 서로 이야기합니까?
⑪ 가족들은 집안일에 대한 책임을 서로 나누고 가정의 역할도 융
   통성을 가지고 합니까?

(4) 자발성에 대한 질문

⑫ 가족들은 개인성을 존중하고 개인적인 자발성을 요구합니까?
⑬ 가족들은 각 세대의 기여와 역할에 대한 감사한 마음을 가지
   고 있으면서도 세대 사이에 분명한 구별이 있는 것을 좋아합
   니까?

(5) 신앙과 헌신에 대한 질문

⑭ 가족들은 그들의 영적 신념과 실천을 형성하는 종교적 신앙을
   나눕니까? (가성 안에서 신앙에 대한 이야기를 많이 합니까?)
⑮ 가족들은 그들의 자녀들과 다른 사람에 대한 도덕적 책임감과
   가치 의식을 가르칩니까?

(6) 봉사 ― 타자를 평가하는 일

⑯ 가족들은 다른 사람에게 하는 봉사와 다른 사람의 일반적인
   복지를 위하여 기여하는 일을 평가합니까?
⑰ 가족들은 다른 사람들, 친구, 이웃, 방문자를 신뢰한다. 가족
   은 낯선 이웃을 친구로 사귀기를 좋아합니까?

(7) 적응력에 대한 질문

⑱ 가족들은 융통성 있는 법칙을 가지고 있으며 부모의 지도력을 나누어 가지기도 합니까?

⑲ 가족들은 가정에 발생하는 문제들을 직접적으로, 공개적으로 다루고 가족에게 위기가 있을 때는 부정적인 태도보다는 생산적인 태도로 다룹니까?

⑳ 가족들은 그들 자신의 삶을 성장하고, 성숙하고, 감사하는 삶으로 보고 있습니까?

3. 서로에게 감사하기

(1) **소개** : 각 가족 단위로 종이 한 장과 펜이나 크레용을 주고 그들에게 자기들의 가족적 전통(특별 휴일, 생일 축하, 휴가 보내는 방식)을 그림으로 그리도록 한다. 그리고 가족들이 그 그림을 서로 바꾸어 보도록 한다. 서로 이야기를 나누고 벽에 붙여 둔다.

(2) **노래 부르기** : 즐거운 노래를 가르치고 함께 노래하는 것이 가족에게 얼마나 즐거운 경험인지 말하게 한다.

(3) **도입과 토의** : 이 과정의 주제를 1, 2분 정도 소개한다. 이 과정에서 사용될 몇 몇 주제들을 나타내 보인다. 가족에게 우리가 할 수 있는 가장 중요한 일 중의 하나는 그들에 대한 사랑과 감사의 마음을 표현하는 것임을 말해 준다. 다음 성구를 찾아 읽고 각 구절이 우리에게 무엇을 하라고 요구하고 있는지 참가자들에게 확인

하도록 한다(지금 세계가 필요로 하는 것은 …). 성구-마 22:39; 롬 15:1; 고전 13:4-6; 엡 4:4-26; 엡 4:15,16; 약 2:17; 요일 3:11; 4:32

하나님은 우리가 다른 가족에게 감사의 마음을 표현할 수 있기를 바라고 있다. 즉, 다른 가족들에게 느끼는 감사와 그들과 함께 느끼는 즐거운 마음을 표현하는 것뿐만 아니라 우리가 다른 사람의 감사를 받아들이는 법도 알기를 하나님은 원하신다. 즉, 남을 사랑할 뿐 아니라 사랑 받을 수도 있는 자질을 말하는 것이다.

(4) 소그룹 토의 : 두 가지 질문을 그룹들에게 준다.

어떤 사람들은 다른 사람에 대한 감사와 사랑을 표현하는 것과 다른 사람으로부터 감사와 사랑을 받아들이는 것을 몹시 어려워하는 이유는 무엇인가? 사람들이 남을 더 사랑할 수 있고 또 더 사랑을 받을 수 있는 방법은 무엇인가?

(5) 전체 토의 : 소그룹들이 위의 두 견해에 대한 소그룹의 의견을 대표가 발표하고 의견을 주고받을 때 전지에 종합 리스트를 만든다.

(6) 가족간의 의견 교환 : 가족끼리 둘러 있게 하고 가족 수대로 A, B, C, D 순으로 나눈다. A부터 시작한다. 그 나머지 가족은 A 에게만 특별히 느끼는 감정이나 좋게 느끼는 감정을 얘기하게 한다. 참가자들이 가능한 한 확실하고 특정한 얘기를 하도록 격려한다. A는 들은 것을 요약함으로 반응한다. A가 끝나면 B 이렇게 모든 가족원이 이 과정을 반복한다. 모든 구성원이 가족으로부터 감사와 사랑의 마음을 자기에게 표현해 주는 것을 다 들을 때까지 계속한다.

(7) 마무리 : 전체가 모여 그룹 구성원들에게 이렇게 상대를 긍정

하고 또 긍정 받는 일이 좀 더 쉬워졌다고 느끼는지 물어본다. 이 과정을 통해 다른 사람에 대한 감사와 긍정적인 마음을 표현하고 또 반대로 그것을 받아들이는 일의 중요성에 대해서 간략하게 요약해 준다. 그리고 찬송을 부르고 우리가 함께 모일 수 있고 우리의 가족들이 훨씬 더 즐겁고, 행복해 질 수 있다는 것을 배울 수 있는 기회를 주신데 대해 하나님께 감사의 기도를 드리도록 한다.

4. 함께 시간 보내기

(1) **소개** : 각 가족에게 종이와 펜, 크레용을 주고 어떤 일을 하면서 누리게 되는 즐거움을 그림으로 그리게 하고 서로 나누어 보게 한다. 소그룹을 통해 이 그림에 대한 의견 교환을 한다.

(2) **노래 부르기** : 함께 즐거운 노래를 몇 곡 부른다.

(3) **도입과 토의** : 마지막 과정의 주제를 요약하고 감사와 사랑의 마음으로 타인에게로부터 받아들이는 것을 배우게 한다. 건전한 가정의 또 다른 중요한 책임은 시간을 함께 보내는 것이다(아이디어들). ① 함께 식사하기 ② 함께 재미있게 지내기 ③ T·V 시청하기 ④ 함께 집안 일하기 ⑤ 학교에 차 타고 갔다 오기 등 아이디어를 생각해 본다. 그리고 자신이 가족과 함께 즐겼던 때를 생각해 본다.

(4) **소그룹 토의** : 각 가족이 흩어져 소그룹을 만들고 충분히 좋

은 시간을 함께 가지는 것, 즉 좋은 시간을 만드는 것을 생각하게
한다.

(5) **전체 토의** : 의견을 나누고 싶은 사람들에게 이야기하게 한다.
극복하기 가장 어려운 문제를 묻고 그 항목에 체크한다. 함께 있기
위해 이런 장애물을 극복하는 법에 관해 이야기한다.

(6) **가족 토의와 계획** : 함께 있기 위하여 계획을 세워 본다. 남편
과 아내-언제, 어떻게, 아버지와 자녀, 어머니와 자녀 등 계획을
세운다. 그리고 약속하게 한다.

(7) **마무리** : 하겠다고 약속한 몇 가지 활동들을 확인하고 이 과정
에서 배운 중요한 것을 요약한다. 다 함께 원으로 서서 복음송을
부르고 기도한다.

5. 함께 의사 소통하기

(1) **소개 및 사귀기** : "의사 소통이란 …"라고 쓴 종이를 붙여 놓고
단어를 써 넣든지 그림을 그리게 한다(중심 단어).

(2) **노래 부르기** : 재미있는 찬송을 부르게 한다.

(3) **도입 및 토의** : 의사 소통이 건전한 가족들에게 얼마나 중요한
가를 얘기함으로써 시작한다. 만일 사람들이 그들의 생각과 감정

을 나누는 법을 모르면 종종 갈등과 혼란이 있다. 말과 행동이 같지 않으면 어떻게 될까? 의사 소통의 패턴을 이야기해 준다.

(4) 토의와 활동 : 아이들을 따로 모이게 하여 가정의 식구에 대한 그림을 그리게 하든지 인형을 종이로 만들게 하든지 하고 부모들은 의사 소통에 관한 강의와 토의를 한다.

(5) 가정 역할 놀이와 토의 : 가족에게 일어날 수 있는 한 상황을 선택하고, 식구 각자에게 해보고 싶은 의사 소통의 형태 중 하나를 선택하고, 상황을 실현해 보고 토의한다. 어려웠던 점, 가장 쉬웠던 것, 어떤 형태가 실망을 주었는지, 왜 건전한 의사 소통이 그렇게 중요했는지? 바라는 의사 소통은? 등을 나눈다.

(6) 마무리 : 다 함께 모여 가족들이 의사 소통에 관해 가질 수 있는 의문이나 관심을 다루고, 활기찬 의사 소통이 어떤 것인가를 말하게 한다. 찬송을 부르고 기도로 마친다.

6. 신앙을 함께 나누기

(1) 소개 : 교회 절기에 무엇을 경축하는지 토의하고 가족 전통이 이 날을 기념하는 것을 어떻게 도와 주는지 토의한다.

(2) 노래 부르기 : 재미있고 공동체를 위한 노래를 부르는 시간을 마련한다. 그리고 새로운 노래를 배울 수도 있다.

(3) **도입 및 토론** : 가정이 건강하다는 것을 보여 주는 방법 중 하나가 신앙임을 이야기한다. 신앙이 자신의 가정생활 속에서 뿐만 아니라 개인적으로 어떻게 도움을 주는지 의견을 나눈다.

① 일치감을 가져다 준다.

② 문제를 취급하는 뼈대 구조를 제공해 준다.

③ 문제 해결하는 힘을 준다. 믿음이 자신들의 가족에 있어서 중요한 다른 이유를 확인하도록 한다.

(4) **소그룹 토의** : 믿음이 그들의 가정에 어떻게 도움을 주는지 의견을 나누고 신앙과 생활의 관계를 생각해내도록 격려한다.

(5) **전체 모임** : 소그룹의 생각을 나누고 그들의 생각을 적게 하고 애매 모호한 점을 분명히 해 준다.

(6) **폐회 예배** : 가정을 행복하게 하기 위한 비공식적인 의견 교환과 예배 시간으로 결론짓는다.

① 노래 : 가족들이 즐겨 부르는 노래를 1~2곡 이상 부른다.

② 의견 교환 : 개인들로 하여금 그들의 신앙이 개인적으로 그리고 그들의 가족들에게 어떻게 도움을 주었는시 의견을 교환한다.

③ 노래 : 노래 한 곡을 더 부른다.

④ 의견 교환 : 이 과정에서 그들에게 도움을 주고 뜻깊었던 것이 무엇이었는지 서로 나누게 한다.

⑤ 5행시 짓기 – 짝지어 나눈다(1행: 1단어, 2행: 2단어, 3행: 3단어, 4행: 4단어, 5행: 5단어로 짓는다).

⑥ 다음 단계 : 이 과정에서 보람을 느꼈거나 감사한 것이 있으면 이야기하게 한다. 그리고 '가족들을 위한 자료'를 제공한다.

⑦ 감사 기도 : 가족을 위한 노래, 감사 기도 노래, 그리고 다 함

께 기도로 마친다.

⑧ 그 동안의 과정을 감사하면서 축복의 시간, 교제의 시간을 갖는다(서로 의미있는 선물을 나누는 것도 좋다).

8장

가정의 공동체성 회복과 친교를 위한 훈련

1. 자녀를 위한 축복의 시간 보내기

① 자녀들을 왕이나 여왕으로 느끼도록 해준다.

② 식사에서 부모가 손을 잡고 은혜를 나눌 때 따뜻한 손길 혹은 포옹이 그 시간 축복의 한 부분이 되어야 한다.

③ 부모는 그들에게 높은 가치를 부여하고 훌륭한 미래를 암시하는 그림을 제공하는 등의 몇 가지 방법을 통해 자녀들을 축복할 수 있다. - 아이의 성장을 한눈에 볼 수 있는 해마다 찍은 사진을 앨범이나 슬라이드를 통해 보도록 한다.

④ 부모가 과거에 인정했던 아이에 관한 다섯 가지 ~ 열 가지의 장점을 이야기해 준다.

⑤ 집에서 만든 것으로 아이에게 선물한다. 부모 손길이 닿는 의미 있는 것을 선물하도록 한다.

⑥ '아이의 육아 일기'를 쓴 부모는 아이들에게 그것을 읽어 주기를 좋아한다.

⑦ 시간이 충분치 못하면 아이들을 위해 기도하고 축복하는 시간을 가진다.

⑧ 재미있는 이야기나 슬라이드가 다음 프로그램으로 옮겨 갈 때에는 정겨운 합창을 하거나 찬양을 한다.

⑨ 촛불을 켜고 서로 축복하고 용서하는 시간을 갖도록 한다.

⑩ 아이에 대한 부모의 인정과 사랑을 표현하는 말을 되도록 짧은 문장으로 쓴다. 또 이때는 부모가 그들을 축복하는 동안 아이들의 머리나 어깨에 손을 얹는 특별한 시간이 될 것이다. 기도로써 혹은 눈을 뜨고라도 부모의 말은 간단한 축복이 흘러내리는 통로가 될 것이다.

❃ 자녀의 축복의 예는 아래와 같다.

"나의 자녀 (   )로 인하여 주님께 감사합니다. 우리는 당신이 (   )의 삶의 근원이며, 그의 기쁨의 근원이 되시기를 원합니다. 당신이 우리를 사랑한 것처럼 우리도 (   )을 사랑하는 부모가 되도록 우리를 도우소서. (   )을 당신이 계획한대로 독특한 사람으로 자라게 하시니 감사합니다. 주님, 우리는 (   )가 당신께 얼마나 특별한 사람인지 압니다. 이 밤에 (   )으로 하여금 자신이 우리에게 지금, 그리고 영원히 얼마나 가치 있고 중요한 사람인지 깨닫게 하소서. 당신께서 (   )에게 항상 함께 하시기를, 그리고 우리가 그의 부모라는 사실이 명예로울 수 있기를, 우리 모두에게 이 시간 복 주시기를 예수님 이름으로 기도합니다. 아-멘."

2. 가훈 및 가족송 만들기

① 16절지를 한 장씩 나누어 준다.
② 나누어 준 종이에 가족의 가훈을 새롭게 만들어 기록한다.
③ 가족별로 가훈을 발표하도록 한다.

🌸 가족송 만들기

① 복음송이나 찬송가 중에서 곡을 하나 선택하고 그 곡에 맞추어서 가족 노래의 가사를 만들어 붙이도록 한다.
② 가족별로 만든 노래를 충분히 연습하여 발표한다.

3. 가족 미래상 및 가족 희망나무 만들기

① 16절지를 각각 한 장씩 나누어 준다.
② 20년 후의 우리 식구들의 모습은 어떻게 변해 있을까 생각하면서 5년 단위로 자신의 변화된 모습을 기록해 보도록 한다. 단순히 변화만을 표현하지 말고 교회와 사회를 연관시켜서 생각하도록 한다.

🌸 지금의 나

┌ 5년 후

```
├─ 10년 후
├─ 15년 후
├─ 20년 후
└─ 30년 후
```

③ 각각 자기가 기록한 것을 발표한다.

④ 가족들의 발표를 종합하여 전체 가족들의 변화의 모습을 모조
전지에 그림을 그려서 표현하도록 한다.

🌸 가족 희망나무 만들기

① 준비하여 온 모조지 전지를 가족별로 한 장씩 나누어 준다.

② 가족 전부가 함께 우리 가족의 20년 후의 희망을 그리도록 한
다.

③ 나무를 그리고 가족 수 만큼의 열매를 그려서 열매에 가족의
희망을 써 넣도록 한다.

④ 그리기가 모두 끝나면 가족별로 가장이 가족의 꿈나무를 설명
한다.

⑤ 발표가 끝나면 가족들의 희망을 듣고 느낀 점을 발표하도록
한다.

⑥ 가족별로 가족이 가진 희망과 가족에 대한 희망에 대하여 이
야기를 나누며 격려를 한다.

4. 사랑의 포옹 및 감사 표현하기

① 가족이 둥글게 앉는다.
② 먼저 아버지가 엄마를 안아 준다.
③ 다음에 아버지가 첫째를 안아 준다.
④ 어머니도 첫째를 안아 준다.
⑤ 아버지와 어머니가 둘째, 셋째를 안아 주며 지나갈 때 첫째는
   둘째를 둘째는 셋째를 돌아가며 안아 준다.
⑥ 모두 안아 주기가 끝나면 둥글게 앉아 손을 잡고 기도한다.

🌸 감사해요

- 내   용 : 그 동안 함께 지내 온 가정의 식구들에게 서로 감사의
          글을 쓴다.
- 준비물 : 필기도구, 백지
- 방   법 : 1. 가족 단위로 둥그렇게 앉아서 백지에 자기 이름을
             적는다.
          2. 자기 이름을 쓴(맨 윗쪽에) 백지를 옆 사람에게 돌린
             다.
          3. 그것을 받아 든 사람은 해당되는 이름 밑에 그 동안
             지내 오면서 감사하게 생각했던 내용과 앞으로 하
             고 싶은 말을 간단히 적는다.
          4. 이와 같은 방법으로 가족 전체가 돌아가게 한다.
          5. 이때 조용한 음악을 배경으로 처리하면 훨씬 온화
             한 느낌을 줄 수 있다.
          6. 다 끝났으면 자기 것을 찾아 읽는다.

5. 하나님 전상서 쓰기

- 내　용 : 그 동안 가족을 통해 교회를 통해 하나님이 베풀어 주
　　　　　신 은혜를 생각하며 하나님께 감사 편지 형식으로 자
　　　　　유롭게 쓴다.
- 준비물 : 편지지, 필기도구, 바구니 또는 상자
- 방　법 : 1. 각자 편지지를 받아 그 동안 감사한 내용을 하나님
　　　　　　께 보내는 편지 형식으로 적는다.
　　　　　 2. 다 썼으면 적어서 바구니에 넣는다.

6. 가정의 좋은 습관 만들기

　가족들이 규모있고 올바른 생활을 하기 위해 함께 구체적으로 가져야 할 습관 리스트를 작성하고 몸에 배도록 서로 격려하고 노력한다.

 좋은 습관들은 다음과 같은 것들이 있다.

① 규칙적으로 생활하는 습관
② 우선 목표를 설정하고 행동하는 습관
③ 우선 순위를 잘 결정하는 습관
④ 일과표를 작성하는 습관
⑤ 전화 한 통화당 3분 이내로 하는 습관
⑥ 하루 한 시간 이내로 텔레비전을 시청하는 습관

⑦ 서두르지 않고 매사에 여유와 침착성을 갖고 행동하는 습관

⑧ 메모와 수첩을 활용하는 습관

⑨ 물건을 제자리에 두는 습관

⑩ 일을 미루지 않는 습관

⑪ 남과 시간 약속을 잘 지키는 습관

⑫ 비생산적인 취미에 빠지지 않는 습관

⑬ 거절을 효과적으로 하는 습관

⑭ 자투리 시간을 잘 활용하는 습관

⑮ 말을 함부로 하지 않는 습관

⑯ 무익한 것에 빠지지 않는 습관

⑰ 매일 정기적으로 성경을 읽고 기도하는 습관

⑱ 돈을 낭비하지 않고 절약하는 습관

⑲ 늘 주변을 깨끗이 정리하는 습관

⑳ 욕망을 잘 제어하는 습관

좋은 습관을 길들인다는 것은 곧 인격 훈련이다. 어떻게 시간을 사용하느냐가 운명을 결정한다는 사실을 명심하고 좋은 시간 습관이 형성되도록 노력해야 할 것이다.

7. 새로운 삶의 계획 및 감사 편지 쓰기

 **만약 내가 ~ 이라면**

• 내　용 : 지금 현재 가지고 있는 자기의 가치관에 따라 앞으로

의 삶의 계획을 구성하게 하고 가족간의 생각과 마음의 입장을 바꾸어 봄으로 서로를 이해하는데 도움을 준다.

- 준비물 : 자료 복사, 필기도구
- 방　법 : 1. 자료를 나누어 준다.
  2. "만약 내가 ～이 된다면 나의 ～을 ～ 이끌어 가겠다." 하고 평소 느꼈던 내용을 자료문에 기록한다.
  3. 다 기록했으면 함께 모여 느낌을 나눈다.
  4. 이것을 기도 제목으로 삼고 손을 잡고 합심하여 기도하고 돌아가면서 연결기도를 한다.

자료문〈자녀용〉

내가 아버지(어머니)가 된다면?

① 가정의 분위기는?

② 가족의 목표 설정은?

③ 자녀에 대해서는?

④ 남편(아내)에 대해서는?

⑤ 가훈을 정한다면?

⑥ 가정에서 신앙생활은 어떻게?

⑦ 이웃과의 관계는?

〈부모용〉

내가 자녀로 다시 돌아간다면?

① 가정의 분위기에 대한 의견

② 형제 관계는?

③ 부모에 대해서는?

④ 신앙생활은 어떻게?

⑤ 학교와 가정과 교회와의 관계는 어떻게?

⑥ 가장 원하는 것이 있다면?

 가족 식구에게 편지 쓰기

가족 식구에게
• 김사하고 싶은 내용은?

• 격려해 주고 싶은 말은?

• 사랑의 표현?

• 부탁이나 축복의 기도

8. 아버지-어머니-자녀의 역할과 책임을 깊이 생각해 보기

지도자가 나누어 주는 설문지에 따라 아버지, 어머니, 자녀들이 작성하여 서로 함께 나눈다.

🌸 아버지를 위한 질문서

① 당신은 긍정적인 편인가? 부정적인 편인가? 당신의 자녀들은 당신을 "하지 말아라." 하는 사람으로 생각하는가 아니면 "이 것 하자!" 하는 사람으로 생각하는가?

② 어떤 방법으로 당신은 자녀들에게 성경적인 생활 원리(예를 들면 성령의 열매 : 사랑, 희락, 화평, 오래 참음 등 …)를 가르치고 있는가?

③ 당신의 자녀들은 당신을 자랑스러워하고 있는가? 자녀들이 당신에 대한 존경을 잃어버린 때와 어떻게 해서 그렇게 되었는지 혹은 어떻게 고칠 수 있는가를 말해 보라.

④ 어떤 방법으로 당신은 가족 개개인의 권리를 존중해 주고 있는가?

⑤ 당신이 자녀의 잘못을 시정해 줄 때 그가 왜 그리고 무엇을 했

는지를 이해하려고 노력하는가?

---

⑥ 당신은 틀림없이 자녀들의 행동에 대해서 하나님께 책임이 있음을 날카롭게 의식하고 있을 것이다. 자녀들에게 그 사실을 인식시키기 위해 당신은 어떻게 하고 있는가?

---

⑦ 하나님께서 당신에게 보여 주시는 사랑과 용서의 정신을 자녀에게 보여 주기 위해 어떤 행동을 취하는가?

---

⑧ 당신이 가정에서 지도력을 구사할 수 있는 5가지 방법을 열거해 보라.

---

⑨ 당신은 자녀들에게 사랑을 전달하기 위해 실제로 어떤 수단을 사용하는가?

---

⑩ 성령께서 당신의 삶에 변화를 일으키신 증거를 마음 속에 생각해 보라. 지금 성령께서 역사를 시작하기 바라는 면을 두 가지 이상 말해 보라.

---

⑪ 당신이 아버지 역할을 하는데 가장 많은 영향을 준 사람은 누구인가?

⑫ 자녀들에게 아버지로서 무엇을 바라는가? 그들이 어떤 사람으로 자라기를 바라는가?

⑬ 당신이 자녀들에게 헌신하고 있다는 것을 날마다 보여 주는가?

⑭ 자녀가 당신과 다르게 가진 재능과 은사는 무엇인가?

⑮ 자녀들이 당신에게 일관성이 있기를 바라는 분야는 무엇인가?

⑯ 자녀들에게 신뢰감을 심어 주기 위해 무엇을 하고 있는가?

⑰ 당신과 아내와의 관계는 어떠한가?

⑱ 자녀들은 당신의 부부관계에 대해 어떻게 표현할 것이라고 생각하는가?

⑲ 자녀들을 영적으로 인도하는데 가장 어려운 점은 무엇인가?

⑳ 자녀들을 영적으로 구비시키기 위해서 아버지로서 해야할 일
은 무엇인가?

🌸 어머니를 위한 질문서

① 당신은 집에 돌아오기가 참으로 좋은가? 당신이 외출했을 때
가족들은 기대를 가지고 당신이 돌아오기를 고대하는가? 그
들이 고대하는 세 가지 이유를 적어보라.

② 당신은 현재 각 가족이 가지고 있는 염려와 기쁨에 보조를 맞추
어야 한다. '엿보지' 않고 어떻게 자연스럽게 그렇게 할 수 있
을까?

③ 당신은 각 가족의 정서적인 필요를 어떻게 분석할 수 있는가?

④ 당신이 가정의 영적 건강을 지키기 위해 무엇을 할 수 있겠는가?

⑤ 당신은 자신의 건강을 지키기 위해 구체적으로 무엇을 하고 있는가?

⑥ 가정 밖에서 당신은 개인적으로 어떤 취미를 개발시키고 있는가?

⑦ 당신은 자신과 남편의 개방적인 대화를 유지하기 위해 어떤 조처를 취하고 있는가?

⑧ 남편이 집에 없을 때 자녀 훈계의 문제를 어떻게 하고 있는가?

⑨ 성경은 어머니와 아내의 바람직한 성격으로 '상냥함'과 '온유함과 조용한 심령'을 들고 있다. 당신은 가정에 그와 같은 분위기를 만들기 위해 어떻게 하고 있는가?

⑩ 당신은 장차 자녀와의 분리와 젊은이의 현실적인 생활 문제를 위해 어떤 준비를 하고 있는가?

✿ 부모 역할 테스트

(그렇다-5점, 아니다-0점, 확실하지 않다-2점)

① 자녀를 위한 구체적이고 영구적인 인격적 목표를 가지고 있는
   가?　 (　)
② 자녀의 기질을 파악하고 있는가?　 (　)
③ 자녀에 대한 기쁨이 있는가?　 (　)
④ 자녀의 말에 귀를 기울여 주는가?　 (　)
⑤ 자녀의 질문에 솔직하고 진지한 답변을 주었는가?　 (　)
⑥ 자녀에게 하나님의 존재를 인식시켜 주었는가?　 (　)
⑦ 자녀와 함께 기도하며 자녀 스스로 기도하도록 격려하는가?
   (　)
⑧ 자녀와 될 수 있는대로 많은 시간을 보내려고 하는가?　 (　)
⑨ 결과가 좋지 않은 경우에도 기꺼이 칭찬해 주는가?　 (　)
⑩ 자녀가 보는 책, T · V 프로그램을 선별해 주는가?　 (　)
⑪ 자녀의 친구들을 언제나 환영하는가?　 (　)
⑫ 자녀에게 성경을 가르치는가?　 (　)
⑬ 귀찮은 생각이 들 때에도 자녀를 철저히 훈계하는가?　 (　)
⑭ 징계한 후에 반드시 위로해 주는가?　 (　)
⑮ 자녀와의 약속은 희생을 치르면서도 꼭 지키는가?　 (　)
⑯ 부모의 실수에 대해서 자녀에게 용서를 구하는가?　 (　)
⑰ 자녀의 실수로 손해를 본 후에 자녀를 격려해 주는가?　 (　)
⑱ 자녀를 다른 아이와 비교하지 않는가?　 (　)
⑲ 부모의 발전을 위해 자녀를 이용하지 않는가?　 (　)
⑳ 자녀로부터 신뢰와 존경을 받고 있는가?　 (　)

합계 : (　　　)점

❀ 자녀들을 위한 질문서

① 아버지와 어머니에 대해서 내가 참으로 좋게 생각하는 부분은 어떤 것들이 있는가?

-----

② 아버지와 어머니를 위해서 가족 내에서 내가 할 수 있는 일은 어떤 일들이 있을까?

-----

③ 어떤 자녀가 되는 것이 부모님의 마음을 기쁘시게 해 드리는 것이라고 생각하는가?

-----

④ 장래에 내가 부모가 된다면 어떤 부모가 되고 싶은가?

-----

⑤ 부모님께 미안하게 여기는 부분은 무엇인가?

-----

⑥ 부모님께 드리고 싶은 감사의 내용은 무엇인가?

-----

9. 가족들과 깊이 대화하기

• 우리 가정의 이름은? 의미는?

• 우리 가정의 가훈은?

• 자녀들에게 기대하는 것은?

• 남편, 아내가 나를 부르는 애칭은?

• 남편, 아내, 아이들의 자랑할 점은?

• 부모에게 자녀들이 소원하는 것은?

• 우리 가정의 십계명은?

• 우리 가정에 잊을 수 없는 일은?

• 부부 관계에서 보강되어야 할 부분은?

• 자녀 관계에서 보강되어야 할 부분은?

• 신잉 공동체로서 보상되어야 할 부분은?

  (함께 식사, 함께 일, 함께 오락, 함께 예배 중에서)

• 외부의 도움을 필요로 하는 일은 구체적으로 무엇인가?

• 우리 가정의 기도 제목은?

• 우리 가정의 기도 비전은?

• 앞으로 어떤 가정이 되고 싶은가?

• 우리 가정의 보화는 무엇인가?

• 이웃들을 어떻게 섬길 것인가?

• 마지막 부탁의 글

9장 가족의 영적 성장을 위한 성경 연구 훈련

1. 하나님이 원하시는 가정 만들기

(1) 성경 본문 – 창 18:1-21; 수 24:14-18; 출 2장; 마 1:18-25; 요 11:1-5; 행 10:1-8, 11:1-4

(2) 성경 연구 방법
① 성서 본문을 가족들이 돌아가면서 읽는다. 각 성서 본문을 읽고 다음 사항을 기록한다.

성서 본문	가족 구성	그 가정의 좋은 점	특별히 좋은 점	우리 가정이 본받을 점

② 활동

성서 본문에 대한 관찰이 끝나면 자유롭게 토의한다.

㉠ 그리스도인 가정의 특징은 무엇인가?

㉡ 아름다운 가정을 이루기 위해서 무엇을 해야 하나?

㉢ 가족의 화목을 방해하는 것은 어떤 것이 있는가?

③ 가정의 새로운 이해를 위한 그룹 토의

가정의 문제점 외적인 문제 내적인 문제	부모와 자녀관계 부모 문제, 자녀 문제	우리 가정에서 나 자신의 문제	다른 식구들의 반응

④ 화평한 그리스도인 가정을 이루기 위한 나의 제언은 무엇인가?

아버지의 입장에서	
어머니의 입장에서	
자녀의 입장에서	
남편, 아내의 입장에서	

⑤ 적용

㉠ 가정을 위해 내 자신이 해야 할 일을 적어보기

㉡ 우리 가정을 위한 기도문 쓰기

㉢ 가족 구성원들에게 짧은 사랑의 편지를 쓰기

⑥ 가정 식구들의 대화식 기도로 마친다.

"하나님 아버지 우리 가정을 (   )가정처럼 (   )한 가정이 되게 하여 주옵소서. 아멘."

2. 그리스도인 가정의 모습

① 마태복음 7장 24-27절을 읽어라. 이 성경 말씀은 우리에게 무엇을 가르쳐 주는가?

② 성경은 성공적인 삶과 훌륭한 결혼생활의 기초를 무엇이라고 하는가? (고전 3:10-15)

③ 가정을 든든한 기초 위에 세우기 위해 무엇을 할 수 있는가? (고전 3:11)

④ 그리스도인이란 무엇인가?

⑤ 그리스도인의 가정을 묘사해 보라.
   (ex. 그리스도인 가정이란 각 개인을 그리스도께서 의탁하고 있으며, 그리스도께서 그들의 마음 속에 사시며 지배하시는 가정이다.)

⑥ 부모가 자녀들에게 그리스도인으로서의 성장을 장려하기 위해 할 수 있는 구체적이고 긍정적인 것들은 어떤 것들이 있는가?

⑦ 그리스도와 나와의 개인적인 관계는 어떤가?

⑧ 그리스도를 구세주로 영접했을 때 일어난 변화에 대해서 간증
을 나눈다.

⑨ 사랑이란 무슨 뜻일까?

⑩ 요한복음 15장 9절을 읽어보라. 오늘 당신의 가정에 있는 누
구에겐가 당신의 사랑을 어떻게 나타낼 것인가를 적어 보라.

   (ㄱ) 말을 통해서
   (ㄴ) 행동을 통해서
   (ㄷ) 태도를 통해서

⑪ 하나님께 대한 전심 전력의 사랑은 우리로 하여금 다른 사람
들을 좀더 사랑할 수 있도록 해준다. 다음의 성경 말씀은 우리
에게 누구를 사랑하라고 말해 주는가?

   (ㄱ) 디도서 2장 4절
   (ㄴ) 골로새서 3장 19절
   (ㄷ) 요한일서 4장 7절

⑫ 바울은 어느 것보다도 가장 위대한 것을 무엇이라고 하는가?

⑬ 하나님께 대한 순종은 행복한 결혼생활과 만족스러운 가정생

활에 어떻게 기여하는가?

⑭ 요한복음 15장 12절에서 하나님께서는 우리에게 어떤 소중한
   명령을 하셨는가?

✿ 함께 기도하기

사랑의 하나님 아버지, 새 가정의 삶을 이제 시작하려고 합니다. 주님이시여 굽어 보시옵소서.

온 가족의 마음을 성령으로 채우시고 우리 가정에 성령이여 오시옵소서. 때마다 보이지 않는 손님으로 오시며 대화때에 묵묵히 듣는 이 되시고 우리의 모든 때에 주인이 되시옵소서. 그리고 어려운 때에 사랑과 기쁨, 화평을 가지고 오소서.

하나님 아버지, 시간시간마다 저희에게 빛이 되어 주시옵소서.

연초부터 연말까지 웃을 때나 눈물 흘릴 때, 일할 때나 쉼을 누릴 때, 눕거나 일어나는 생활 전부에 평탄함을 허락하여 주시옵소서.

간수하심과 지켜 주심이 이제로 영원까지 히시고, 우리 주님의 사랑받는 자 되게 하옵소서.

하나님 아버지, 우리 가정의 사랑과 희망, 기도하는 모든 것이 진실케 되며 아름다운 꿈으로 고치게 하옵소서. 우리 가정의 모든 것이 예수 그리스도–든든한 기초 위에 세워지게 하시고 천국의 아름다움을 다른 이들에게 증거하게 하소서.

예수 그리스도의 이름으로 기도합니다. 아멘.

3. 새롭게 변화된 가정

골로새서 3장 1-17절을 온 가족이 함께 읽으십시오.

① 가정생활을 부패시키고 하나님의 목적을 이루지 못하게 하는 장애 요소를 찾아보십시오(5-10절).

② 가정의 회복과 순결을 위해 벗어버려야 할 것의 목록을 작성해 보십시오(5-11절).

③ 그리스도인 가정에 반드시 필요한 것은 무엇이며 그 기준은 무엇이며 아름다운 가정 건설을 위해 해야 할 일은 무엇입니까?

④ 여러분의 가정에서 부족한 것은 무엇입니까?

⑤ 불신자의 가정이 흉내낼 수 없는 그리스도인 가정의 독특성은 어디에 있습니까?

⑥ 새롭게 회복되어야 할 기독교 가정의 본질은 무엇입니까?

⑦ 예수 그리스도로 인해서 새롭게 변화된 가정의 실례를 서로
   나누어 보십시오.

⑧ 가나의 결혼식에서 있었던 예수님의 첫 번째 기적으로부터 무
   엇을 배우고 있습니까?

⑨ 하나님의 영광을 위하여 또 가정을 지키기 위하여 가족 구성
   원 각자가 맡은 역할을 나누어 보십시오.

⑩ 앞으로 우리의 가정이 어떻게 회복되어야 할 것인지 서로 나누
   어 보고 가정 회복을 위한 공동 기도문을 작성해 보십시오.

🌸 함께 기도하기

하나님 아버지 저의 가정이 주님으로 인해 변화받고 새롭게 되게
하옵소서. 아멘.

4. 부모를 공경하는 자녀(엡 6:1-3)

부모의 헌신적인 사랑과 보호와 양육을 받으며 자라가는 자녀들이 가정 안에서 부모에 대해 수행해야 할 역할과 책임은 실로 중요합니다. 그것은 가정의 질서를 이루는 근간이 될 뿐만 아니라 부모에 대한 자녀의 역할과 책임은 부모에 대한 공경과 순종으로 부모를 기쁘게 하며 가정의 화목을 도모합니다.

(1) 부모에 대한 공경은 하나님에 대한 공경 다음으로 중요한 의무입니다. 실로 보이는 부모도 제대로 공경할 줄 모르는 자가 보이지 않는 하나님 아버지를 공경하고 있다고 할 수 없을 것입니다. 자녀로서 부모에게 어떤 역할과 책임이 있습니까?
  • 부모를 공경해야 할 책임(출 2:12; 신 5:16; 마 15:4)
  • 부모에게 순종해야 할 책임(잠 1:8-9; 엡 6:1-3; 딤전 3:4)
  • 부모를 봉양해야 할 책임(룻 2:18; 막 7:10-13; 딤전 5:4-8)

(2) 성경은 효도에 대한 많은 교훈을 보여 주고 있습니다. 성경이 말하고 있는 효도의 당위성은 무엇인가요? 하나님께서 오늘의 본문 말씀을 통해 자녀교육을 명령하고 있습니다. 신명기 6장 1-9절을 실천하기 위해 필요한 일들을 적어 보십시오.
  • 창 46:29; 신 5:16; 잠 1:8-9, 6:20-23; 잠 23:32

(3) 효도의 내용은 무엇입니까?
  • 창 47:12; 출 2:12; 잠 15:20; 골 3:20;
  • 룻 1:16-18; 딤전 3:4

(4) 효도의 결과는 무엇입니까?
  • 엡 6:1-3(형통하게 됨)

• 출 20:12(땅에서 장수하게 됨)
• 신 5:16(복을 누리게 됨)

(5) 그렇다면 불효의 결과는 무엇입니까?
• 출 21:15; 신 27:16

(6) 성경에 나타난 자녀의 유형을 살펴보고 자신은 어떤 유형에
속하는지 서로 나누어 보세요.
• 이삭(창 22:6), 요셉(창 45:9-11), 룻(룻 1:15-17)
• 여호사밧(왕상 22:43), 예수(눅 2:51-52), 디모데(딤후 1:5)

(7) 부모님을 위한 축복 기도문을 작성해 보세요.
기도 : 주님의 말씀을 따라서 부모에게 순종하는 자녀가 되게 하
옵소서.

5. 그리스도인 가정의 소명과 헌신(수 24:14-16)

그리스도인은 자신만을 위해서가 아니라 남을 위해서 사는 사람
들입니다. 모든 그리스도인은 봉사자이며 소명자이며 사역자입니
다. 특히 그리스도인 가정은 세상을 향한 확고한 책임을 갖고 있습
니다. 또한 주님은 그리스도인 가정에게 화목게 하는 직책을 주셨
습니다(고후 5:18-20). 이 직책을 감당케 하기 위하여 성령을 주셨
습니다. 이제 우리의 가정은 하나님 나라 확장이라는 큰 목적을 가
지고 주님께 충성과 헌신을 드려야 합니다.

(1) 하나님께서는 자기 백성에게 무엇을 원하십니까?

![flower] 아래 열거한 성품과 관련되는 참고 구절을 연결해 보십시오.

- 하나님께 순종(요일 4:7)
- 부모님께 효도(빌 2:3-4)
- 진실(마 22:37)
- 순결, 거룩함(행 20:35)
- 온전(엡 4:25)
- 정직(살전 4:3-7)
- 하나님에 대한 사랑(고후 8:21)
- 다른 사람에 대한 사랑(히 11:6)
- 겸손(잠 12:22)
- 너그러움(골 3:20; 요 14:15)

(2) 그리스도인 가정의 목적은 무엇입니까?

- 눅 18:28-30
- 마 12:46-50
- 마 28:19-20

(3) 마태복음 5장 1-12절, 베드로후서 1장 5-8절, 에베소서 5장 9-10절은 빛 가운데 행하는 가정의 모습입니다. 위의 구절 속에 나타난 모범된 특성들을 살펴보고 우리 가정에 보충되어야 할 부분을 나누어 보십시오.

(4) 그리스도인 가정은 제자 훈련의 센터입니다. 우리 가족은 어떻게
　　살아가고 있습니까?

- 눅 6:46
- 눅 9:23
- 요 8:31
- 요 13:34-35
- 요 15:8

(5) 그리스도인 가정이 맺어야 할 삶의 열매는 무엇입니까? (갈 5:22)

기도 : 주님께 진정한 헌신과 봉사가 있는 가정이 되게 하옵소서.

(6) 신명기 6장 4-9절까지 읽으십시오. 부모들에게 주시는 명령은 무
　　엇입니까?

6. 가족과의 바른 관계 (엡 6:1-4)

우리가 그리스도를 통해 거듭남을 체험하게 되면 하나님 아버지
와 새로운 관계를 맺을 뿐 아니라 다른 그리스도인들과도 독특한
관계를 갖게 됩니다. 특히 부모님과의 관계가 올바르게 됩니다.

① 부모님과 나의 관계를 한 번 진단해 보세요.

• 부모님과의 대화는 어떤가요?

(매우 좋다   좋은 편이다   그저 그렇다   잘 안된다   심각하다)

• 부모님과 나는 말다툼을 …

(전혀 하지 않는다   종종한다   늘 한다)

• 우리는 견해 차이의 해소를 위한 노력을 …

(항상 한다   보편적으로 한다   간혹 한다   전혀 하지 않는다)

• 부모님이 요구하신 일은 …

(보통한다   반 정도 한다   할 수 있어도 안한다)

② 부모의 역할은 무엇입니까?
• 가르치는 것(신 6:6-7; 시 78:5-8; 잠 22:6)
• 훈계하는 것(잠 13:24, 22:15; 히 12:6-11)
• 육신적인 보호(눅 11:11-13; 고후 12:14)
• 사랑해 주는 것(시 103:13; 사 49:15)
• 믿음을 심어 주는 것(수 24:15; 삿 13:12)

③ 자녀에게 주는 계명은 무엇인가요?
• 듣기(잠 1:8, 4:1)
• 순종하기(엡 6:1; 골 3:20)
• 교정받기(잠 13:1)
• 공경하기(출 20:12; 잠 31:28; 엡 6:2)

④ 부모와 자녀의 관계에 대한 성경의 예를 찾아봅시다.
• 예수님과 그분의 부모님(눅 2:41-52; 요 19:26-27)

⑤ 적용

- 부모님에 대한 사랑을 어떻게 표현합니까?

- 최근 언제 부모님을 안아드리면서 사랑한다고 말해 보았습니까?

- 부모님이 그 동안 나에게 해주신 일에 대하여 감사를 표현하기 위해서 무엇을 했습니까?

- 지금 당장 부모님과 나 사이에 어떤 문제가 있습니까? 그 문제를 해결하기 위해 나는 어떻게 해야 하겠습니까?

기도 : 주님, 부모님을 공경하고 섬기는 것이 주님을 기쁘시게 해 드리는 길임을 깨닫게 하옵소서.

7. 형제와의 화목(창 37:18-30)

그리스도인이 된나는 것은 유별난 종교적인 생활이나 금욕적인 삶을 살아가는 것이 아닙니다. 그리스도인의 삶은 사랑할 수 있는 사람이 되기 위해 기도하면서 형제 사랑을 실천하는 것입니다.

① 내 형제 자매들과의 관계를 진단해 보세요.

- 우리는 말다툼을 …

  (전혀 안한다   간혹 한다   많이 한다)

• 우리는 문제를 평화적으로 해결한다.

(항상   보편적으로   간혹   전혀 그렇지 않다)

• 재미있는 일을 함께 …

(잘 한다   그저 그렇다   하기 어렵다)

• 우리는 서로를 깎아내리는 일을 …

(결코 안한다   간혹 한다   많이 한다)

② 형제, 자매 관계에 대하여 성경은 어떻게 권면하고 있는가요?
• 서로 사랑하고 우애하기를 원한다(롬 12:10; 히 13:1).
• 관계상의 문제를 서로 해결하도록 권면한다(마 5:21-24).
• 책임을 서로 질 것을 권면한다(고전 8:4-13; 벧전 3:8-9).
• 서로 품위를 지키라고 권면한다(요일 2:9-11, 3:14-18).
• 보답이 되는 관계가 되도록 권면한다(시 133:1; 잠 17:17).

③ 적용
• 최근 나는 언제 내 형제, 자매들을 세워 주었습니까?
• 지금까지 내 생활 가운데서 내 형제 자매 중 하나에게 좋은 본
  이 되었던 경우는 언제인가요?
• 나의 관심과 유익보다 형재 자매의 유익을 구할 수 있는 방법
  은 무엇이 있나요?
• 내가 소유한 것 중에서 형제와 자매들과 기꺼이 나누어 가질
  수 있는 것은 어떤 것입니까?
• 이번 주에 내 형제 자매들에게 내가 감사하고 있다는 것을 보
  여줄 수 있는 방법을 찾아보세요.

기도 : 주님, 주님이 주신 형제, 자매들을 주님을 섬기듯 사랑하
고 섬기게 하옵소서.
형제와 화목할 때 주님이 기뻐하신다는 사실을 기억하게
하옵소서. 아―멘

10장 가정을 살리는 중보기도 훈련

중보의 기도는 기도하는 사람에게 능력있는 은혜의 수단이다. 내적으로 메마르고 좌절할 때에 종종 주의 일의 부흥과 다른 사람의 회심과 성결을 위해 기도함으로써 놀라운 영적인 소생을 경험할 수 있다.

훌륭한 예배보다도 능변의 재주보다도, 명예나 좋은 기회보다도 찾아야 할 것은 다가오는 예수 그리스도의 왕국에 대한 끊이지 않고 확산되어 나가는 승리의 기도에 대한 비밀이다.

우리 모두는 세상을 위해 부름받은 제사장이다.

성경에는 다른 사람을 위한 중보기도가 많이 나온다.

모세는 이스라엘 백성의 죄악을 보고 중보의 기도를 드리고(출 32장), 아브라함은 소돔과 고모라를 위해 하나님께 간청한다(창 18:16-33).

예수님은 제자들을 위해 기도하셨고(눅 22:32) 세상을 위해 대제사장적 중보기도를 드리셨다(요 17장).

사도 바울은 교회들을 위해 간절한 중보기도를 드렸다(빌 1:3-4).
중보기도는 진실한 사랑에서 시작된다.

가정은 중보기도를 하는데 있어서 중요한 자리이다.

가정의 중보기도 모임이 활성화될 때 주변의 이웃과 지역 사회 공동체 안에 선한 영향력과 생명과 빛을 공급하게 될 것이다. 아래에 제시되는 자료는 가정안에서 중보기도의 사명을 감당하기 위한 안내이다. 가정의 중보기도 모임을 통해 영적 각성과 주님의 나라가 우리안에 임하는 역사가 일어나길 기도한다.

 가정 중보기도의 실례

1. 사랑과 물질의 나눔에 그리스도인들이 먼저 솔선 수범하여 어려운 이웃과 사회에 빛과 소금이 되는 성도들이 될 수 있도록 성령께서 도우소서.
2. 점점 더 심각하게 만연되는 사회 문제에 그리스도인들이 먼저 책임감을 느끼며 기도함으로써 사회 전반에 흐르는 퇴폐풍조가 사라지게 하소서.
3. 각국의 선교사들이 성령 충만함과 잃어버린 영혼에 대한 사랑이 지속되도록 하소서.
4. 전국에서 사역하고 있는 교회의 사역자들이 성령 충만하여 올바른 주님의 말씀을 전하며 실천함으로써 온 성도들이 바른 삶을 살게 도우소서.
5. 청소년들이 물질주의와 향락주의를 따르는 것이 아니라 예수님의 가치관으로 무장하여 올바른 삶을 살 수 있도록 하소서.
6. 혼란한 정국과 사회가 안정되게 하소서.
7. 심각한 경제난에 허덕이는 북한 동포들에게 식량과 생필품이 잘 공급되며 이와 더불어 마음이 가난한 이들에게 주님의 생

명이 복음이 되게 하소서.

8. 날로 심각해지는 수질 오염과 쓰레기 등 환경 문제에 그리스 도인들이 앞장 서서 세제를 덜 쓰며 일회용 용기를 안 쓰는 일에 모범을 보이게 하소서.

9. 국민을 위한 정치가 이 땅에 이루어지게 하고 인격적인 지도자들이 정치에 참여하여 하나님을 두려워하며 신실하게 그 일을 감당할 수 있도록 하소서.

10. 핵가족화 되어가는 사회속에서 부모 및 노인에 대한 공경심과 예의범절이 가정안에서 잘 교육되어지게 하소서.

11. 학교, 학원 등 각종 교육기관에 종사하는 사람들이 바른 교육을 하게 하시고 배움을 받는 많은 학생들이 인격적으로 올바로 자랄 수 있도록 도우소서.

12. 한국에 불법 체류하고 있는 외국인들과 중국 교포들이 우리 사회에 문란을 일으키지 않게 해 주시며 그들이 복음을 영접하고 양육받아 선교사로 다시 돌아갈 수 있도록 하소서.

13. 청소년들을 위한 문화와 관심이 확대되게 하시고 그들이 바른 가치관과 기독교 신앙으로 자라게 하시고 특히 도덕적인 범죄가 일어나지 않도록 지켜 주소서.

14. 한국 교회가 개인 위주와 개 교회 위주의 무분별한 선교를 지양하고 효과적인 전략을 세워 예수그리스도의 복음을 온 땅에 전하게 하소서.

15. 세계 각처에서 일어나고 있는 인종과 종교 분쟁으로 고통을 당하는 사람들을 위로하시고 주님을 통한 진정한 평화가 이루어지게 하소서.

16. 부정부패를 깨끗이 없애는 개혁 운동이 이제는 국민들의 가치와 의식의 개혁으로 이어지게 하소서.

17. 빈부와 상관없이 모두에게 공정한 헌법이 제정되어지고 국가의 지도자들과 국민들이 법률을 잘 지켜 나갈 수 있도록

하소서.

18. 잃은 양 한 마리를 찾는 주님의 마음으로 한국 교회가 소외된 영혼에 대한 관심을 갖게 하소서.

19. 모든 그리스도인들이 선교와 구제에 관심을 가지고 더 많은 몫을 복음을 위해 나눌 수 있도록 하소서.

20. 임신중절수술(낙태)로 무고한 생명의 피를 흘리는 살인 행위가 없게 하시고 그리스도인들이 이를 회개하게 하소서.

21. 심각한 식량난과 에너지 부족 현상을 겪고 있는 북한을 위해서 실질적인 경제 협력과 교류가 정부 차원에서 행하여질 수 있도록 하소서.

22. '사랑의 빵 나누기', '생명의 밥 나누기' 운동이 사랑의 실천을 위한 범사회적 운동으로 확산되게 하소서.

23. 분단의 서러움과 아픔을 겪고 있는 이산 가족들의 남북한 자유 왕래가 하루 속히 이루어지고 주님안에서 하나가 되게 하소서.

24. 어려움을 겪고 있는 농어촌 교회의 목회자와 자녀 교육을 위한 제도적인 지원이 활성화되어 그들이 안심하고 복음 전파 사역에 더욱 힘쓸 수 있도록 하소서.

25. 이 시대를 살고 있는 그리스도인들이 여러 가지 모양으로 나타나고 있는 악한 세력들을 분별하게 하시고 능히 대적할 수 있도록 영적 능력을 더하여 주소서.

26. 가족의 보살핌이 없이 살고 있는 노인들을 육체적 질병과 정신적 소외감으로부터 해결해 줄 적절한 복지 정책들이 많이 세워질 수 있도록 하소서.

27. 장애인들을 위한 복지 시설과 예방 대책이 세워지고 주위 사람들이 따뜻한 배려로 그들을 도울 수 있도록 하소서.

28. 모든 운전자들이 서로 양보하는 미덕을 보임으로 교통 체증이 감소되고 밝고 명랑한 질서를 이룩하게 하소서.

29. 청소년들이 건전하게 놀고 쉴 수 있는 놀이 문화와 문화 공
간들이 많이 개발되어서 그들이 건전하게 성장하게 하소서.

30. 하나님의 형상을 따라 지음받은 모든 생명들이 존중되는 풍
토가 이루어지도록 하소서.

31. 아름다운 자연을 통하여 많은 사람들이 하나님의 섭리를 깨
닫게 하시고 그 자연을 사랑하는 마음으로 잘 가꿀 수 있게
하소서.

32. 복음의 문이 활짝 열린 구 소련 땅에 러시아어로 된 성경이
많은 사람들에게 정확하게 전달되어서 주님의 말씀이 충만
히 채워지게 하소서.

33. 진정으로 국민을 위한 정치가 이 나라에 이루어지게 하시고
정치인들이 서로 이권 다툼에 휘말리지 않고 겸손한 자세로
일할 수 있도록 하소서.

34. 핍박과 고난 속에 있는 공산권(중국) 교회에 복음의 역사가
가속화되며 가정 교회 교인들이 하나님의 특별하신 보호와
인도하심을 느낄 수 있도록 하소서.

35. 기독교적이고 건설적인 문화들이 많이 창작되고 보급되어서
퇴폐적인 분위기를 자극하는 연극, 영화, 음악 등은 우리 사
회에서 사라지게 하소서.

36. 각 교회를 섬기고 있는 목회자들이 하나님께 순종하며 구별
된 삶을 살아서 성도들이 그들을 본받아 더욱 성숙한 신앙생
활을 할 수 있도록 하소서.

37. 교회마다 구원의 복음이 선포되어지고 하나님의 치유의 역
사가 일어나며 성도들 각자가 성령의 임재하심을 경험할 수
있도록 하소서.

38. 그리스도인들이 말씀에 대한 깊은 묵상과 깊은 깨달음으로
영적인 안목이 자라게 하시고 재림에 대한 잘못된 교리에 현
혹되지 않게 하소서.

39. 이 땅의 그리스도인들이 철저한 제자도를 가지고 살아가게
하소서.

40. 점차로 만연되는 약물 남용, 과소비, 생명 경시 풍조가 바로
잡혀 올바른 사회 풍토가 이루어지도록 하소서.

41. 그리스도인들이 하나님이 주신 가정의 중요성을 인식하여 주
안에서 자녀들을 올바로 양육할 수 있도록 하소서.

42. 날로 치솟는 집세, 건축 자재비 인상 등으로 더욱 어려움을
겪고 있는 주택 문제에 정부가 책임성 있는 계획과 대책을
세워 문제 해결에 힘쓰도록 하소서.

43. 청소년들이 스타 중독병, 소비 지향, 외제 선호, 사치와 향락
등에서 벗어나 건전한 사고와 우리의 것을 아끼고 사랑하는
자세를 갖게 하소서.

44. 소년원에 수감 중인 청소년들과 보호 감호소에 있는 사람들
이 하나님의 사랑을 깨달아 새로운 삶을 살도록 하소서.

45. 하나님 나라 확장 사역을 위한 은밀한 중보기도가 각처에서
활발히 전개되도록 하소서.

46. 생활이 어려워 학업을 중단할 수밖에 없는 크리스천 대학생
들에게 사랑의 손길이 연결되어 배움의 기회가 주어지게 하
소서.

47. 삶 속에서 상저를 입고 신음하는 이들이 그리스도의 사랑과
평강을 맛보며 치유받을 수 있도록 하소서.

48. 각종 수용 시설(고아원, 모자원, 양로원)에서 외롭게 살아가고
있는 소외된 이들이 주님을 영접함으로써 내일의 소망을 갖
고 살게 하소서.

49. 하나님의 사랑을 깊이 깨닫고 하나님을 향한 사랑이 더욱 불
타오를 수 있게 하소서.

50. 가족, 교회 공동체 속에서 자신이 도움이 되고 있는지 문제
거리가 되는지 자신의 역할을 돌아보고 자신의 삶 속에 우선

권, 주권, 섬김 등의 부족으로 말미암아 생기는 문제를 서로 나누고 기도하게 하소서.

51. 죄와 타협하려는 느슨한 마음을 자백하고 깨어있는 삶이 되게 하소서.

52. 시끄럽고 조급한 세상에서 고요히 하나님의 음성을 들을 수 있는 기쁨을 소유하게 하소서.

53. 외적 영광보다는 그리스도로 인해 환난과 궁핍을 자청하는 현대의 서머나 교회 교인이 되게 하소서.

54. 무리를 보시고 민망히 여기셨던 주님의 마음을 닮아 우리도 주님을 모르는 영혼들을 불쌍히 여기게 하소서.

55. 외식적이며 성경적 근거가 전혀없이 왜곡되게 형성된 신앙을 분별하며 극복하도록 하소서.

56. 우리가 그리스도를 따르는데 방해가 되는 불신앙의 죄악(롬 1장)을 용서해 주소서.

57. 기쁨으로 찬양하며 새 노래로 드리는 경배가 더욱 깊어지게 하소서.

58. 현재 자신에게 있어서 믿음의 최대 적이 무엇인지 구체적으로 말해 보고 이것을 위해 기도하게 하소서.

59. 세상을 살아가며 자신이 추구하는 것은 무엇인지 정직하게 나누고 하나님의 생각과 일치하는 성서적 안목으로 세상을 살아가는 참 제자가 되도록 기도하게 하소서.

60. 그리스도인의 영적 각성은 큰 것에서가 아니라 작은 일에서부터 정직해짐으로 출발됨을 깨닫고 우리 모두가 삶을 살도록 기도하게 하소서.

61. 거룩한 사회 변혁을 위해 선행될 것은 그리스도인 개인의 단순한 생활 방식의 형성이다. 서로가 세속적인 삶의 형태를 부단히 극복하도록 기도한다. 서로가 말씀에 순종하고 충성된 삶을 살 수 있도록 또 이를 위한 구체적인 계획을 갖도록 기

도하게 하소서.

62. 공동체에 침투된 이기주의, 문화적 안일감, 분파주의, 윤리적 나태함, 물질의 추구들을 회개하며 기도하게 하소서.

63. 하늘의 큰 상을 바라보고 기뻐하며 오늘의 위기를 극복하는 참된 자유와 변혁의 역동적 능력을 체험하는 공동체가 되도록 기도하게 하소서.

64. 교회와 단체의 사역자들이 하나님의 말씀을 옳게 분별할 수 있는 능력과 지혜의 영을 덧입게 하소서.

65. 잃은 양 한 마리를 찾는 마음을 회복하여 우리의 교회가 소외된 한 영혼에 대한 관심으로 증폭되게 하소서.

66. 전 세계 그리스도인 공동체 안에 깨끗한 마음으로 주를 부르며 나아가는 부흥의 징조들이 일어나게 하소서.

67. 100여 년의 교회 전통속에 많은 교회들이 사랑과 열정과 순수함을 상실한 죽은 정통주의로 화석화되어 가고 있습니다. 초기 기독교의 처음 사랑을 회복하는 운동이 가열차게 일어나도록 기도하게 하소서.

68. 사람들로 하여금 그리스도의 제자임을 알지 못하게 하는 사탄의 공동체 분열 책동을 파악하고 회개와 하나됨이 모든 공동체에 넘쳐나게 하소서.

69. 지역 교회 목회자들이 성도들이 좋아하는 일만을 하지 않고, 성도를 온전하게, 성숙시키는 일이 무엇인지 깨닫고 이에 마음을 쏟을 수 있도록 하소서.

70. 교회에 주신 직분과 역할이 공동체를 세우기 위함이라는 인식속에 맡은 자들이 고백하며 섬기는 정신으로 감당하도록 하소서.

71. 교회가 사소하게 생각하고 흔히 저지르는 악한 모습들이 우리와 무관하지 않은 죄악임을 고백하며 하나님의 긍휼로 여기심과 용서를 위해 기도하게 하소서.

72. 우리 사회에서 영적, 도덕적으로 허물어져 가고 있는 부분들을 살펴보고 대중 문화, 정치, 경제, 그리고 교회에서 이러한 것이 회복되어 하나님의 뜻을 이루어 나가도록 기도하게 하소서.

73. 우리 교회에서 선포되는 말씀이 영적 부흥과 지상 명령 성취의 방향으로 변화되어 가도록 하소서.

74. 각 교회에서 확산되어 가고 있는 성경공부 운동이 잘 발전되고 성도들의 신앙 성숙에 크게 기여하도록 하소서.

75. 우리가 속한 교회가 진정한 나눔의 삶을 살아가는 방법을 실천하며 물질과 복음을 나누어야 할 주변의 상황을 볼 수 있는 안목을 주소서.

76. 절대가치를 잃어가는 사회속에서 청결한 삶을 살게 하소서.

77. 전 세계 교회에 순전한 마음으로 주를 좇는 하나님께 속한 거룩한 지도자를 세우사 하나님의 백성들을 잘 인도하게 하소서.

78. 교회내의 모든 직분, 계층에서 서로 진정으로 섬기는 변화가 일어나도록 이런 변화를 통해서 복음의 신비하고 역동적인 힘이 살아나 우리 민족과 역사의 모든 분열의 요소가 깨끗이 해결되도록 하소서.

79. 세속주의, 향락주의, 물질만능주의에 찌들어 죽어가고 있는 교회를 하나님께서 흔들어 깨우시고 거룩하게 남은 자들이 성령의 부흥의 역사를 통해 하나님의 위대하시고 강력하심이 세계에 드러나도록 하소서.

80. 하나님께서 주신 자연을 훼손하는 공해(대기오염, 수질오염, 소음공해, 남을 나보다 귀하게 여기지 못하는 행위 등) 문제가 해결되도록 하소서.

81. 우리가 누리는 평강과 풍요는 우리의 산물이 아니라 하나님의 선물임을 깨달아 자만치 말고 잘 관리하도록 하소서.

82. 교회가 참된 의를 회복하여 이 민족의 구석구석에서 의로운 변화가 일어나도록 하소서.

83. 교회에서 고난이 없음을 회개하고 십자가의 길을 끝까지 따를 수 있는 용기와 믿음을 주소서.

84. 물량주의적 메머드 교회가 겸손케 되고 작은 교회가 소외와 수모를 극복하며 순수와 정절을 지키는 그리스도의 신부가 되도록. 이러한 의미의 작은 교회 운동이 활발히 일어나도록 하소서.

85. 교회가 사치와 풍요로부터 앞장서서 돌이킬 수 있도록 하소서.

86. 성장과 풍요가 곧 선이고 축복이라는 자기 중심적이고 과시적인 거짓 신화에 도취해 있는 한국 교회가, 그리스도가 기준이 된 단순한 생활 양식의 가치관으로 새롭게 하소서.

87. 에스겔 골짜기에 생기를 불어넣으셨던 하나님이 이 시대도 능히 변화시키실 것이라는 소망과 믿음을 품게 하소서.

88. 수많은 사람들이 극심한 영적, 물적 빈곤속에서 고통 당하고 있습니다. 전세계 그리스도인들이 나눔에 대한 부담을 느끼지 않음을 고백하고 전세계 교회가 회개, 각성하도록 하나님이여 당신이 베푸신 복을 자기 것인 양 지속적으로 남용하는 우리를 용서하소서.

89. 우리 나라의 그릇되고 과열된 교육 풍토가 개선되어 바른 교육이 연구, 개발되도록 크리스천 교사들이 일선에서 바른 교육을 위해 앞장서고 주위에 도전하도록 더불어 이 일을 지속적으로 추진하는 용기있는 교육자들이 계속 생겨나도록 하소서.

90. 전 세계의 교회가 믿음으로 연합하게 하소서. 그리스도께서 교회의 머리가 되심이 인정되어 세계의 교회들이 세상에서 예수만을 높이게 하소서. TV나 신문 등 대중매체를 통해 세

계를 움직이시는 하나님의 섭리가 발견되어 그 가운데 그리스도인들이 행할 바를 바르게 보고 이를 위해 놓인 처소에서 순종의 삶을 살도록 하소서.

91. 전 세계 교회가 정사와 권세와 어두움의 세상 주관자들과 하늘의 악의 영들을 분별하고 능히 대적할 힘을 말씀과 기도와 행함으로 충전하도록 모든 일에 굳건하게 서서 세상을 복음으로 정복하도록 하소서.

92. 우리 나라에서 한 해 200만 명의 낙태로 태아들이 살해되고 있습니다. 비공개 수술을 포함하면 휠씬 더 많은 사람이 무방비 상태에서 죽고 있습니다. 기독교인 가운데 생명의 본질을 전파하며 이 악한 일을 감소시켜 결국에는 뿌리뽑을 수 있는 운동이 일어나도록 하소서.

93. 성령께서 모든 그리스도인들을 하나님 앞에 서게 하여 수십억의 사람들이 영적, 물질적 빈곤속에서 고통을 겪는 사실을 절감케 하시고 그래서 마땅히 나누어야 할 복음과 물질과 마음들을 자신들의 것으로만 삼는 악한 행동을 버리도록 하소서.

94. 한국의 모든 교단이 진실과 평화와 연합의 모습으로 살아가게 하시고 지도층에서 겸손과 섬김의 용서와 용납의 모습을 회복하게 하소서.

95. 전 세계의 교회가 지역과 인종, 문화를 초월하고 그리스도의 몸안에서 각자의 지체됨을 인식하고 함께 이루어 나갈 하나님 나라를 바라보도록 하시고 그리스도 안에서 온 세계 교회가 하나됨을 가로막는 무지와 편견, 이기심, 무관심 등을 극복하는 모습이 나타나도록 하소서.

96. 하나님께서 주신 이 땅의 농산물을 그리스도인들이 먼저 아끼고 이를 담당하고 있는 농민들을 사랑으로 격려하도록 하소서.

97. 정부가 자신의 단정함으로 국가 갱신의 축을 끝까지 유지함으

로 뿌리깊은 부정과 불신의 벽을 허물어 낼 수 있게 하소서.

98. 도시의 교회들이 농촌 문제 해결에 관심을 기울여 농촌의 어려운 현실을 돌아보고 신앙에 바탕을 둔 농촌 살리기 운동을 전개하도록 하소서.

99. 전 세계에서 일어나는 인종 분규에 개입된 기독교인들이 하나님 나라를 바르게 이해할 수 있도록 하소서.

100. 잃어버린 영혼을 향한 깨어진 마음과 눈물을 허락하여 주소서. (북한의 한 도시를 정하여 그 도시 주민을 위해 기도한다-평양, 함흥, 신의주, 원산 등).

101. 가난하고 병들고 약한 이웃을 위해 봉사하여 그들에게 복음의 축복을 나누는 교회들이 늘어나게 하소서.

102. 우리 교회가 복음의 총체성을 넉넉히 드러낼 수 있는 적합한 전도 전략을 속히 수립할 수 있게 하소서.

103. 이 땅의 고3 기독학생들이 시험 뿐 아니라 신앙도 잘 준비하여서 이 땅의 복음화에 쓰임받는 준비를 잘 하도록 하소서.

104. 북한이 핵을 포기하고 개방의 문을 활짝 열어 한 민족 동질성 회복의 장이 속히 이루어지며 통일의 기반 조성이 이루어지도록 하소서.

105. 하나님을 두려워하는 공의로운 지도자들을 세우서서 가정과 교회 뿐 아니라 행정부, 교육계, 법조계, 의약계, 경제계 등에서 많은 영향력을 행사할 수 있도록 하소서.

106. 감옥에 갇힌 재소자들이 복음으로 거듭나도록 이 일에 수고하는 사역자들에게 능력을 더하시고 복음의 열매가 드러나도록 하소서.

107. 선교를 빌미로 사업을 하며 자신들의 이익만을 추구하는 개인과 집단에 하나님을 두려워하는 양심이 살아나도록 하소서.

108. 교회의 기도 제목이 더욱 폭넓게 바뀔 수 있도록, 즉 개인의

필요 뿐 아니라 선교, 사회 전반 문제에 중보기도하는 일들이 활발히 일어나도록 하소서.

109. 지역 교회가 교회 건물, 자체 프로그램 등을 세우는 일 뿐 아니라 이 땅에서 하나님 나라를 세우는 일(선교 사역, 사회 활동)에 더욱 관심을 가지고 그 일에 헌신하도록 하소서.

110. 교회가 물질이나 사람의 수에 의지하여 복음을 전파하지 아니하고 사랑과 영적인 힘으로 하나님의 약속을 전파하도록 하소서.

111. 물질 문명과 개인주의 풍토속에서 의식없이 복음에서 차츰 이탈되는 사람들의 영적 관심이 회복되어지게 하소서.

112. 대학가에 비전을 가진 자들이 나타나서 세속화와 이기주의, 물량주의의 물결을 거스르며 원색적인 복음과 진정한 삶의 가치를 고민하고 지향하는 캠퍼스가 되게 하소서.

113. 우리 공동체가 국내에서 고통받는 제3세계 사람들을 실질적으로 도울 수 있도록, 외로움과 고통 가운데 있는 이들에게 하나님의 사랑과 위로가 우리 공동체를 통해 드러나도록 하소서.

114. 각 학교의 그리스도인 교사 모임이 말씀과 기도로 무장되어 신앙인으로 학생들에게 전인적인 영향력을 끼치도록 하소서.

115. 각 교회의 남선교회, 여전도회가 친목 단체가 아니라 이름 그대로 사역과 봉사의 역할을 온전히 회복하도록 하소서.

116. 각 교회가 교회 학교 교육을 방치하고 있는 현실을 인식하도록 경시되고 있는 교회 학교 교육의 중요성을 인식하고 적극적인 교육 프로그램을 개발하여 새로운 도약의 길을 마련하도록 하소서.

 **복된 가정을 위한 중보기도**

1. 감사가 있는 가정이 되도록 하소서.
2. 날마다 웃음꽃 피는 가정이 되도록 하소서.
3. 서로를 소중히 여기는 가정이 되도록 하소서.
4. 서로가 지지하고 세워 주는 가정이 되도록 하소서.
5. 예의를 가르치고 예의가 지켜지는 가정이 되도록 만들어 주소서.
6. 사랑하는 법을 가르치고 예의가 지켜지는 가정이 되도록 하소서.
7. 쉼이 있는 가정이 되도록 하소서.
8. 부모 자녀 간에 심정을 나누는 대화가 끊이지 않도록 하소서.

 **남편을 위한 기도**

- 가장으로서의 역할을 인식하고 잘 감당하도록 하소서.
- 사회에서 인정받는 사람이 되도록 하소서.
- 가족들의 영적 지도자가 되도록 하소서.
- 경제적으로 능력있는 남편이 되도록 하소서.
- 배우자로서 아내의 필요를 이해하고 잘 채워 줄 수 있도록 하소서.
- 타락된 세상 풍조로부터 자신을 잘 지켜 나갈 수 있도록 하소서.
- 성적으로 실수하지 않도록 하소서.

 **아내를 위한 기도**

- 배우자로서 남편의 약점을 잘 감싸주고 도와 줄 수 있도록 하소서.

- 주부로서의 역할에 자긍심을 가지도록 하소서.
- 자기 계발을 소홀히하지 않도록 하소서.
- 자녀를 뒷바라지하느라 남편과의 관계를 소홀히하지 않도록 하소서.
- 남성에 대한 올바른 지식을 가지고 남편을 사랑해 주도록 하소서.
- 가족들에게 분노를 쏟아 붓지 않도록 하소서.

 ## 부모를 위한 기도

- 자식에게 귀감이 될 수 있도록 하소서.
- 자녀를 이해하기 위해 구체적으로 노력하는 부모가 되도록 하소서.
- 노년기에도 보람있는 일을 할 수 있도록 하소서.
- 나이가 들수록 더욱 다정한 부부가 되도록 하소서.
- 자녀들의 현재 모습을 인정하고 수용할 수 있도록 하소서.
- 자녀들을 인격적으로 대할 수 있도록 하소서.
- 자녀들을 노엽게 하지 않도록 하소서.
- 노후에 편안한 여생을 보낼 수 있도록 하소서.

자녀를 위한 기도

- 부모를 이해하며 부모에게 감사할 줄 아는 자녀가 되도록 하소서.
- 정서적으로 안정되어 자기 본분에 충실하도록 하소서.
- 위기를 기회로 삼을 수 있는 여유를 가지도록 하소서.
- 다른 사람의 존재와 생각을 존중할 줄 아는 사람이 되도록 하

소서.

- 자신의 감정의 표현 및 전달을 잘할 수 있도록 하소서.
- 세상을 정직하게 살아갈 수 있도록 하소서.
- 삶의 절대적인 기준을 하나님께 둘 수 있게 하소서.
- 진실하고 사랑스런 말을 잘 할 수 있도록 하소서.
- 하나님께서 주신 달란트를 발견하고 계발하도록 하소서.
- 유머를 구사할 수 있는 재치와 여유를 가지도록 하소서.
- 건전한 성 지식을 가지게 하소서.
- 마음과 물질로 부모를 섬기는 자녀가 되도록 하소서.
- 자발적으로 학업에 임하며 성실히 해 나가도록 하소서.
- 학교 선생님들과 친구들과의 관계를 원만히 유지할 수 있도록 하소서.
- 좋은 지도자를 만날 수 있도록 하소서.
- 나이에 알맞은 경험을 할 수 있도록 하소서.
- 자신의 실수와 약점을 인정하고 남의 도움을 고맙게 받아들일 수 있도록 하소서.
- 남에게 피해를 주지 않으면서도 자신의 개성을 따라 살도록 하소서.
- 꿈을 가지며 그 꿈을 성취하기 위해 노력히는 자가 되도록 하소서.
- 술이나 담배, 마약 등의 유혹으로부터 자신을 지켜갈 수 있도록 하소서.
- 학교생활, 교회생활, 사회생활을 잘 조화시켜 나갈 수 있게 하소서.
- 성 타락으로부터 자신의 순결을 잘 지켜 나가도록 하소서.
- 거짓된 유명인이 되기보다 진실한 무명인이 되게 하소서.
- 세상의 도구보다 하나님의 거룩한 도구로 쓰임받는 인물이 되게 하소서.

- 거만한 사람이 되기보다 온유하고 겸손한 자녀가 되게 하소서. 안일한 사람으로 키우기보다 의를 위하여 생명을 바치는 담대한 자로 키우게 하소서.
- 눈앞의 이익보다 먼 미래를 내다보며 묵묵히 씨를 뿌리게 하소서.
- 사치와 방종에 빠지기보다 믿음과 절제와 성결의 사람이 되게 하소서.
- 약할 때에도 두려워하지 않고 강한 주님을 바라볼 수 있는 자녀가 되게 하소서.
- 정직한 패배에 부끄러워 하지 않고 승리를 이룬 후 교만하지 않는 자녀가 되게 하소서.
- 폭풍 속에서도 침몰하지 않고 견딜 수 있는 강인한 믿음의 대장부가 되게 하소서.
- 환난 날에 절망하기보다 계속 도전하며 전진하는 자녀가 되게 하소서.
- 세상을 도피하기보다 오히려 정복하는 자가 되게 하소서.
- 문제가 생길 때 근심하기보다 기도하게 하소서.
- 약자를 볼 때 천대하지 않고 승자를 볼 때 열등감을 느끼지 않게 하소서.
- 용서받기 보다 먼저 용서하며 사랑 받기보다 먼저 사랑을 베풀게 하소서.
- 어려울 때 인내하며 승승 장구할 때 교만하지 않는 신실한 믿음의 사람이 되게 하소서.
- 하나님을 경외하고 그 말씀을 지키는 것이 인생의 본분임을 깨닫게 하소서. 아멘.

노인들을 위한 기도

- 치매 등 노인성 질환으로부터 보호 받을 수 있도록 하소서.
- 치아가 건강하여 음식을 잘 씹어 드실 수 있도록 하소서.
- 미각을 잃지 않고 소화기가 강건할 수 있도록 하소서.
- 홀로된 노인들이 위로가 되고 의지가 되는 친구들을 많이 사귈 수 있도록 하소서.
- 몸과 마음이 아름답게 늙어갈 수 있도록 하소서.
- 눈과 귀가 밝고 혈액 순환이 잘 되어 손발이 따뜻하도록 하소서.
- 기억력과 판단력이 떨어지지 않도록 하소서.
- 기도할 수 있는 힘이 여전하도록 하소서.
- 의식주 문제로 인하여 어려움을 당하지 않도록 하소서.
- 잠자는 것처럼 편안히 하나님의 부르심을 받을 수 있도록 하소서.

환자들을 위한 기도

- 병상에서 속히 일어날 수 있도록 하소서.
- 병상에서 하나님과의 관계가 더 깊어지도록 하소서.
- 병상에서 삶의 새로운 의미를 발견할 수 있도록 하소서.
- 생사화복을 주관하시는 하나님을 인정하고 그분의 뜻을 기쁘게 받아들일 수 있도록 하소서.
- 좋은 치료자를 만날 수 있도록 하소서.
- 사랑이 넘치는 간호를 받을 수 있도록 하소서.

가정의 사회적 기능을 위한 기도

- 이웃들과 좋은 관계속에서 더불어 살 수 있도록 하소서.
- 지역 사회의 일에 적극 협조할 수 있도록 하소서.

- 연약한 이웃들을 도와줄 수 있도록 하소서.
- 이웃을 소중히 여기며 살 수 있도록 하소서.
- 그리스도의 향기를 풍기는 가정이 되도록 하소서.
- 불신 가족, 친지를 소중히 여길 수 있도록 하소서.
- 친족의 어려움을 돌아보는 가정이 되도록 하소서.
- 친척들의 길흉사시 축하와 위로를 잘 하는 가정이 되도록 하소서.
- 자녀들이 사회생활을 익힐 수 있는 가정이 되도록 하소서.

건전한 성 문화를 위한 기도

- 부모들이 성에 대한 타부의식을 버리도록 하소서.
- 성경적인 성 개념을 이해하고 자녀들에게 가르칠 수 있도록 하소서.
- 부모가 남성과 여성의 정확한 모습을 자녀들에게 보여줄 수 있도록 하소서.
- 가정에 성에 대한 대화가 자연스럽게 이루어질 수 있도록 하소서.
- 자녀들이 성적인 문제에 봉착했을 때 마음을 터놓고 의논할 수 있는 대상이 있도록 하소서.
- 성폭력이 없는 세상이 되도록 하소서.
- 자녀 양육이 잘 되어 변태성욕자가 사라지도록 하소서.
- 모든 성인들이 사회적 부모라는 인식을 가지고 성적인 문제에 대처할 수 있도록 하소서.

 **소년소녀 가장을 위한 기도**

- 좌절을 딛고 꿋꿋하게 자라도록 하소서.
- 사랑이 넘치는 대리부모들을 많이 만날 수 있도록 하소서.
- 꼭 필요한 물질들을 공급받을 수 있도록 하소서.
- 탈선하지 않고 훌륭하게 자라서 사회의 빛과 소금이 되게 하소서.
- 늘 용기와 희망을 가지고 살아갈 수 있도록 이들을 도와 주소서.
- 주님께서 친히 이들의 부모가 되사 주님의 진리안에서 잘 성장하도록 도우소서.

행복한 가정을 위한 시편

가정의 정의

가정을 이루는 것은 의자와 책상과 소파가 아니라

그 소파에 앉은 어머니의 미소이다.

가정을 이루는 것은 푸른 잔디와 화초가 아니라

그 잔디에서 울려 퍼지는 아이들의 웃음소리이다.

가정을 이루는 것은 자동차나 식구가 드나드는 문턱이 아니라

사랑을 주려고 그 문을 들어오는 아빠의 설레이는 가슴이다.

가정을 이루는 것은 부엌과 꽃이 있는 식탁이 아니라

정성과 사랑으로 터질 듯한 엄마의 기다림이다.

가정을 이루는 것은 자고 깨고 나가고 들어오는 것이 아니라

애정의 속삭임과 이해의 만남이다.

행복한 가정은 골고다에 있다.

거기서 허물은 용서되고 미움은 사랑에 의해 삼켜진다.

거기는 희생이 있고 자기를 종처럼 내어주는 곳이다.

거기는 비난보다는 용서가

주장보다는 이해와 관용이 있는 곳이며

십자가가 있는 동산이다.

가정이란 아기의 웃음소리와 어머니의 노래가 들리는 곳.

가정이란 따뜻한 심장과 행복한 눈동자가 마주치는 곳.

가정이란 서로의 성실함과 우정과 도움이 만나는 곳.

가정은 어린이들의 처음 학교, 처음 교회,

거기서 자녀들은 무엇이 바르고 무엇이 사랑인지를 배운다.

상처와 아픔은 가정에서 싸매지고 슬픔은 나눠지고

기쁨은 배가 되며 어버이가 존경받는 곳

그리고 어린이들이 사랑 받는 곳

왕궁도 부럽지 않고 돈도 그다지 위세를 못 부리는

그렇게 좋은 곳이 가정이다.

- 작자 미상 -

우리를 사랑할 자가 있는 가정

가정은 단순히 사각형 벽으로 둘러싸인 곳이 아닙니다.

그림이 걸려있고 보기 좋게 꾸며져 있을지라도

가정은 애정이 있는 곳이라고 불립니다.

그 애정을 모아 집을 세우는 곳입니다.

가정! 우리들 머리 위에는 하늘을 나는

착한 비둘기를 지켜보는 것과 같습니다.

가정은 사랑할 자가 있는 곳!

가정은 우리를 사랑할 자가 있는 곳!

가정은 단순히 지붕과 방으로만 되어 있지 않나니

어떤 것이든 애정을 느끼게 할 만한 것이어야 합니다.

그 애정이 꽃을 피울 수 있는 곳이랍니다.

마음을 기쁘게 하는 속삭임이 있는 곳입니다.

아무도 만나 주지 않고

아무도 환영하는 자 없고

아무도 인사하는 자 없는 곳이라면 어찌 집이라고 할까요?

가정은 즐거운 … 오직 즐거운 곳이랍니다.

우리를 만나 주고 우리를 사랑할 자가 있는 곳이기에.

- 찰스 스와인 -

인생의 특별한 의미인 엄마께

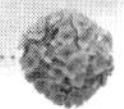

엄마라는 분이 없었다면
제 인생은 지금 어떻게 변했을까요?

소중했던 첫 경험들을 돌이켜볼 때
흥분되는 감정 속에서도
엄마의 지혜를 느끼게 되죠.

슬픈 일을 당할 때 엄마의 눈은 걱정하는 마음을
엄마의 미소는 위로하는 마음을 전해 주셨어요.
앞으로 나아가기를 두려워할 때
엄마의 음성은 부드러운 격려를 전해 주셨어요.
큰 고통에 빠져 있을 때
엄마의 유머스러움은 평안을 전해 주셨어요.
고통 속에서 자신을 발견하고 용기를 발견하고
새로운 꿈을 향해 나아가도록 엄마는 끊임없이 격려하셨어요.

엄마의 가르침은
실망 중에도 희망을 가지며
실패 속에서도 성공을 바라보며
세상과 더불어 화목하며

더 멋진 사람이 되고자 노력하며
자신에게 만족할 줄 알라는 거였어요.

충고해 주시고 제 말을 들어주시며 절 위해 시간을 내어 주심에
감사드려요.
엄마가 절 이해해 주셨을 때
문제는 가벼워지고 희망은 부풀어오르며
즐거움은 한층 깊어졌어요.
엄마는 친절과 자상함의 본이 되셨고
강인한 의지의 모범이 되셨어요.
말로써 나타내는 것이 번거롭다면
몸짓으로라도 보이고 싶은 사실은
엄마는 제 인생의 특별한 의미이며
제 마음은 엄마를 열렬히 찬양하고
또 깊이깊이 사랑한다는 바로 그 사실이에요.

집 혹은 가정

집 벽은 나무로 세워졌을 것이요.
그 기초는 벽돌이나 돌로 세워졌을지라도
진짜 가정은 오직 심장의 고동들로써 세워진 절묘한 것이라네.

집 값은 즉시 매겨지고
한줌 금덩이로 치를 수 있으려니와
가정의 가격을 계산할 수 있는 사람은 매우 적어
그 가격을 말한 사람은 아직 아무도 없었다네.

집의 방들은 품위 있고 호화로우며
그 장식이 예술적 업적인지 모르나
가정의 아름다움은 사심이 없는 마음의 누구에서 나오는
마지막 결과일 것이네.

집은 불탈 수 있고 팔리거나 바뀔 수 있을지라도
집안의 평화를 잃도록 간섭하는 것이 아니지만
가정을 잃게 되면 … 마음이 얼마나 짓밟혀질 것인가?
우리의 가정은 우리 모두가 사랑하고 지켜야 하기 때문이라네.
많은 행운으로 여러 집을 가진 사람은
그의 재산이 그를 절망으로 인도할 것이로되

존경할 만한 사람은 자신이 속한 한 가정에 사는
참된 백만장자로 여겨질 것이 틀림없다네.

- 작자 미상 -

엄마에게 바치는 시 한 편

가장 소중한 친구인 엄마는
사랑과 따사로움 가득 찬 삶에로 이끄셨어요.
세상을 보는 눈을 열어 주셨고
그 속에 제자리를 마련하셨어요.

엄마가 저를 믿어 주셔서
제 마음은 자신감이 가득 했고요.
엄마가 관심 있게 칭찬하셔서
자신의 가치를 알게 되었어요.

강요하지 않으면서 이끌어 주셨고
부담스런 느낌 없이 격려하셨어요.
엄마가 최선을 다하신 것은
저를 최선으로 기르기 위해서죠.

엄마는 이렇게 가르치셨어요.

마음 속의 꿈을 펼쳐 나가고

이루어 낸 것에 긍지를 가지며

자신의 잘못을 인정할 줄 알면서

해가 뜰 때 평화와

해가 질 때 기쁨으로

자신의 인생을 사랑하라고

엄마는 이것을 아신 거예요.

무엇을 말해야 하고

어떻게 들어야 하며

어려운 순간에는 돕는 손이 되고

행복한 순간에는 축복하는 음성이 되어야 함을

엄마가 필요할 때마다

함께 하심이 당연했고

엄마 또한 그 자리에 늘 함께 계셨지만

나이가 들면서 많은 친구와 사귀고

그들이 보여준 어떤 호의보다도

엄마의 아량은 더 넓으며

엄마와 사귐은 더 따스하며

엄마의 격려는 더 힘이 있음을

깨닫게 된 지금에야

저에게 주신 숱한 의미들

인생의 첫 친구이자

최고의 친구가 되어 주신 엄마에게

한 편의 시로써 감사하고 싶어요.

어머니

하나님께서는 전능하신 능력으로

가장 좋은 것을 이 땅에 주시려고 하셨다.

무엇보다도 값지고

진정한 기쁨과 사랑이 담긴 게

무엇일까 하고

한참 생각하시다가

하늘 문을 여시고

이 땅에 어머니를 주셨다.

엄마, 가족은 사랑이에요

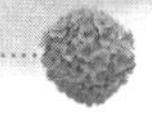

우리가
어딜 가든지
무얼 하든지
우리 마음 속에는 가족이라는 생각을
늘 잊지 않고 살도록 해요.

서로가 서로에게 나누어 줌으로
우리는 하나의 동그라미가 되고
언제나 가장 친한 친구가 되며
구름 낀 하늘의 무지개처럼
서로에게 아름다운 존재가 되며
어세, 오늘 그리고 내일도
서로에게 고마운 사람이 됨을
늘 잊지 않고 살도록 해요.

왜냐하면 우리는 한가족이고
가족이 의미하는 것은
그칠 줄 모르고 솟아 나오는
사랑의 샘물이기 때문이지요.

아버지란 누구나 가없이 놀라우신 사람들

아버지란 누구나

가없이 놀라우신 사람들이언만

이해해 드리지 못하고

찬양의 말씀도 드리지 못하는 우리 …

아버지란 그저 돈이나 내주고

어머니란 작은 상처 싸매어 아픈 곳 어루만지는

사람들이라 여기는 우리 …

보호자, 공급자, 그리고 '싸움터의 영웅'

'당신의 표상' 대로 살고자 매일의 싸움에 몸바치시는 아버지여 …

어쩌면 그건 아버지란 누구나 어디서나

시나브로 감정의 사슬에 얽히지 않으시는 까닭일까,

그러나 아무도 못 보는

아빠의 마음 속 들여다본다면

그대 알리라. '부드러운 가슴'

차고 넘치는 감정의 맥동 …

질주하는 삶의 거리, 날마다 치닫는 순간과 순간

감정에 물드는 일일랑 당신의 동반자 아내에게 맡기고

그러나 아버지란 누구나 오직

가없이 놀라우신 사람들

사랑 깊은 찬양의 말씀

은성(殷盛)한 갈채 드린다면

아빠의 부요와 성공. 하늘 끝까지 이르러

온 가족 행복을 누려 저마다 당신이 자랑스런 가슴

우리의 하늘 아버지 마냥

아빠란 수호자, 우리의 목자

언제나 우리 있는데 계심

믿고 기댈 수 있는 이여

헬렌 스타이나 라이스 −

모든 아버지들에게

당신을 밤낮으로 지켜보는 작은 눈망울들이 있고

당신의 모든 말을 배우는

작은 귀들이 있습니다.

당신의 행동을 배우려 하는

작은 손들이 있습니다.

아이들의 꿈은 당신을 닮아 자라납니다.

그들은 당신을 존경하고

당신은 그들의 선지자입니다.

당신을 생각하는 어린 마음엔 의심이란 없는 겁니다.

그들은 경건하게 당신을 신뢰하며

당신처럼 어른이 된 후에까지

당신에게서 배운 말과 행동을

그대로 계속함을 잊지 마십시오.

당신을 언제나 옳다고 여기는

아이들의 크게 뜬 눈망울이 있습니다.

그들의 귀는 언제나 들으려 하고

밤낮으로 당신을 보고 있습니다.

당신이 하는 그 모든 행위가

그대로 아이들의 본보기가 되고 있어요.

당신을 따르는 그 아이들은

당신 같은 어른이 되려 한답니다.

아빠를 위하여

나 어렸을 때
아빠는 나의 반석이었어요.
안전하고 따뜻하게 보호해 주시는
아빠는 나의 지붕이셨고
어떠한 고난에서도 도우시는
아빠는 나의 힘이 되셨으며 폭풍우 속에서도 내 피난처 되셨습니다.

아빠의 사랑을 받기 위해
나 무엇을 해야 하나요?
아빠를 사랑해요.
하지만 멀리서 방황하고 있어요.
어린 소녀는 무릎 위에서 재롱을 부릴 수 있지만
난 너무 커 버렸으니
다른 방법을 써야겠지요.

오늘, 아버지 곁에 누가 있어요.
아빠 곁에서 많은 어린이들이
아빠를 격려하며 존경하겠지요.

아빠, 행복하세요.
주님의 축복이 있기를 기도해요.

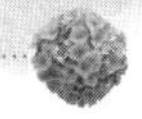

사랑 있는 곳에

사랑 있는 곳에 마음이 환하고
사랑 있는 곳에 하루가 즐거우며
사랑 있는 곳에 노래가 흘러나와
잘못된 일들을 바로잡아 준다오.
사랑 있는 곳에 미소도 있어
온갖 것을 더욱 소중히 만든다오.
사랑 있는 곳에 고요한 평화 깃들어
소요가 멎은 아늑한 곳이라오.

사랑으로 어두움은 빛되고
마음은 날개인 양 날게 된다오.

오, 사랑으로 걷는 축복 받은 사람들 …
하늘의 하나님과도 더불어 걷는다오.
매일 하나님과 함께 걷고
함께 무릎 꿇어 기도드릴 때
그대의 결혼은 참된 축복 받고
하나님은 매일 그대의 손님이 되리오.
한때는 그대만의 것인 듯 했던 사랑도
하나님께서는 자신의 사랑과
부드럽게 섞으신다오.

- 헬렌 스타이나 라이스 -

행복한 결혼생활을 위한 시편

놀라운 예정 속에
귀한 만남, 행복한 연합을 주신
하늘의 아버지시여,

오늘 이들 두 사람을 축복해 주소서.
이들 마음에 그리스도의 빛이 충만하게 하소서.
인생이 결코 지치게 할 수 없는
영원한 사랑으로
이들을 탄탄하게 묶어 주소서.
깊은 하나 됨을 허락해 주소서.

주여,
이들이 새로 꾸리는 가정이
믿음, 소망, 사랑의 주초 위에
단단하게 세워지게 하소서.

이들의 거처가
사랑이 거주하고 우정이 손님인
가정이 되게 하소서.
하늘로 향한 창문이 있게 하소서.

영생의 빛, 생명을
가난한 자들과 함께 나누는
섬김과 나눔의 거처가 되게 하소서.

정직과 땀과 기도로
진실된 인생들의 창조자들이 되게 하소서.
영원토록
하늘을 우러르며 올곧게 살아가게 하소서.

오 하늘의 아버지시여!
이들의 사랑이
영생을 이루게 하소서.
빛이 충만한 사랑이게 하소서.

- 설 은 주 -

행복한 결혼생활을 위한 시편

바람과 비를 손으로 다루시며
파도 소리에서부터 밤 풀숲 귀뚜라미의 조그만 움직임까지를
들으시는 하늘과 땅의 주 하나님

오늘 저들을 축복하소서.
이 결혼의 생활이 문지방을 건널 때
저들의 얼굴에 당신의 빛이 빛나게 하소서.
저들의 영혼이 태양을 향한
넓은 창문이 되게 하시고
저들의 마음이
서로의 이해의 빛에 문열게 하소서.

만족이 저들의 머리를 덮는 지붕이 되게 하시고
겸손이 저들의 발아래 까는 카펫이 되게 하소서.

슬픈 날을 위해 사랑의 부드러움을 주시고
기쁜 날들을 위해 사랑의 자랑스러움을 주소서.
어린이들의 목소리가 저들의 귀에 울리고
어린이들의 얼굴이 저들의 난롯가 주위에서 빛나게 하소서.
질투의 사악한 새가 저들의 길을 어둡게 하지 말게 하시고

혹은 탐욕의 독한 송곳니가 저들의 손을 찌르지 않게 하소서.

저들에게 고결한 마음을 주소서.
아름다움이 저들과 함께 거하게 하소서.
구리 냄비의 광택과 접힌 린넨의 서늘함 속에서
도자기의 윤기 있는 표면과 유리그릇 맞닿는 소리에서
오, 주여 저들에게
이 소박한 생활의 축복을 내려 주소서.
저들의 결혼을 진실로 행복한 결혼이 되게 하소서.
영원히, 영원히 …

가정

가정에 사랑이 있을 때

주변엔 온통 아름다움이 있으며

가정에 사랑이 있을 때

모든 소리에 즐거움이 있으며

여기 평온과 풍성함이 있고

온 사방에 행복한 미소가 있으며

가정에 사랑이 있을 때

시간은 부드럽게 감미롭게 미끄러져 갑니다.